22 Recursos de Instagram en tu estrategia Online

¿Qué es Instagram? La red social de moda	**8**
El origen de Instagram	8
¿Cómo tener más seguidores en Instagram?	10
Mi perfil	10
Mis fotos, vídeos y demás	11
Cuándo y cómo publicar	11
Quienes sigo y me siguen	12
Recursos y medidas de Instagram	12
Números y fotos	14
Creador de oportunidades	15
¿Cómo funciona el algoritmo de Instagram?	**18**
Tres algoritmos de Instagram	18
EdgeRank	19
Hashtag Search	19
Instagram Stories Relevance	20
¿Cómo optimizar estos algoritmos?	21
Cómo crear una cuenta Instagram empresas	**23**
¿Por qué debería cambiarme a Instagram profesional?	24
Botón Call To Action	24
Como traspasar nuestra cuenta de Instagram personal a profesional	26
¿Cómo resucitar un perfil de Instagram?	**27**
Los mejores consejos para revivir tu Instagram	28
El perfil del negocio	28
La mirada y la sensación	29
Despierta, nutre tu feed	30
UGC o en español CGU	31
Caza a los robots o spam	32
Obtener que tus usuarios etiqueten a otros	33
¿Cómo conseguir seguidores en Instagram? ¿Es Fácil?	**34**
Páginas para Ganar Seguidores en Instagram	36
Donde comprar seguidores Instagram	37
Conseguir seguidores en Instagram, las claves para conseguirlo	38
¿Cómo hago para tener más seguidores en Instagram gratis?	39
¿Cómo hacer para conseguir más likes en Instagram?	40

¿Cómo darse a conocer en Instagram?	41
El superzoom revoluciona Instagram	**43**
El Superzoom de Instagram revoluciona a los instagramers	44
Superzoom, el nuevo efecto de vídeo para Instagram	44
Filtros de Instagram: cómo funcionan y cómo utilizarlos	**47**
Cómo poner los filtros de Instagram	48
Los mejores filtros de Instagram: Apps, retoques, máscaras y más para tus imágenes o vídeos	50
Los mejores filtros faciales en Instagram	51
Así se personaliza el menú de filtros en Instagram	53
Aplicaciones para añadir filtros a Instagram	56
Photoshop Express	56
VSCO	57
PicsArt	58
Snapseed	59
LightRoom	60
Cómo subir fotos a Instagram desde PC ordenador o Mac	**62**
¿Cómo subir una foto en Instagram desde el ordenador?	62
Como subir fotos a Instagram desde tu PC sin tener que instalar la aplicación.	63
Subir fotos a Instagram desde PC en Google Chrome o Firefox	64
Como subir fotos a Instagram desde tu Mac sin tener que instalar la aplicación	65
Instalando y cambiando tu navegador a una versión móvil	66
App de Instagram para Windows 10, descargarla es fácil	68
Instalar Instagram a través de BlueStacks, ¿Es posible?	69
Cómo descargar fotos de Instagram	**71**
Descargar fotos de Instagram a tu móvil o Smartphone	72
Usando la App Video Downloader For Instagram	72
Usando la App Instg Download para Android	73
Usando la App Fastsave for Instagram para descargar fotos de Instagram	74
Usando la App Downloadgram	75
Usando la App Fastsave para iPhone iOS	75
Como descargar fotos de perfil de Instagram	76
¿Cómo descargar Stories o historias de Instagram en tu Smartphone?	77
Aplicación StorySaver	78
Aplicación Instagram + + para IOs	79
Descargar fotos de Instagram a tu PC u ordenador	80
Opción 1: Con Google Chrome	81
Opción 2: Con Firefox	82
Opción 3: Downalbúm	82
Opción 4: Hackeando (Truco)	83
¿Quieres descargar Stories o historias de Instagram en tu ordenador?	84
Instawload	84

Instaview	84
InstaPerfil	85
Descargar Stories o historias desde pc o móvil de forma manual	86
Advertencia	86

¿Cómo descargar historias de Instagram?   88

¿Qué son las Instagram Stories?	89
Principales características de Instagram Stories	90
Capacidad ilimitada	90
Corta duración del contenido	91
Organiza tus publicaciones	91
Agregar historias destacadas	92
Archivo de historias	92
Privacidad	92
¿Cómo descargar las Instagram Stories manualmente?	93
¿Cómo descargar historias de Instagram desde nuestro Pc con herramientas Online?	94
¿Cómo copio la dirección de la historia de Instagram?	95
Instaview	95
Instaperfil	96
Instawload	96
¿Cómo descargar historias de Instagram con tu dispositivo Android e iPhone?	97
Story Saver	97
Save and Repost For IG	98
Instagram++	98
¿Por qué descargar las historias de Instagram de otro perfil?	99
Para disfrutar más tarde del contenido publicado	100
Para conseguir ideas creativas	101
Para guardar algún recuerdo	101
Para compartirla en otras redes	101
Ventajas de utilizar las historias de Instagram	102
¿Qué hacer para activar las Instagram Stories de tu cuenta?	103
¿Qué debo tener en cuenta para el éxito de mis publicaciones en Instagram Stories?	104
Conclusión	105

¿Cómo borrar o eliminar la cuenta de Instagram para siempre?   107

¿Qué debes tener en cuenta antes de cerrar tu cuenta de Instagram?	108
Desactivar vs. eliminar una cuenta de Instagram	109
Como desactivar una cuenta en Instagram temporalmente	111
¿Cómo borrar cuenta de Instagram permanentemente?	112

¿Cómo hacer encuestas para Instagram Stories?   115

¿Por qué crear encuestas en Instagram? ¿Para qué sirve?	115
Logras mayor cercanía con tus seguidores	116
Crear encuestas para Instagram te permite conocer a tus potenciales clientes	116
Atrae la atención de tus seguidores con encuestas en Instagram	116
¿Cómo crear encuestas para Instagram Stories?	117

¿Cómo utilizar las encuestas de Instagram como herramienta de marketing? 118
    Encuestas para Instagram con opciones de Si o No 118
    Conoce las preferencias de tu público con encuestas de Instagram 119
    Haz encuestas en Instagram que sean divertidas 119
    Haz que tu audiencia te haga preguntas 120
    Consejos para que tengas éxito con tus encuestas de Instagram 120

¿Cómo programar publicaciones en Instagram? **122**
    ¿Cómo programar en Instagram una publicación? 123
    ¿Por qué acudir a servicios externos al programar publicaciones en Instagram? 125
    Herramientas para programar publicaciones en Instagram 126
        SocialGest 126
        Sked Social (antiguo Schedugram) 127
        Hootsuite 128
        Wiselit 128
        Facebook Creator Studio 129
        Later 129
        Otras aplicaciones interesantes 130
    ¿Cómo publicar en Instagram a través de Hootsuite? 131

¿Cómo puedo actualizar Instagram? **133**
    ¿Por qué actualizar tu Instagram? 134
    Listado de actualizaciones de Instagram 135
    ¿Cómo actualizar Instagram desde un dispositivo Android? 136
    ¿Cómo actualizar Instagram en iPhone? 137
    ¿Cómo actualizar Instagram desde un dispositivo iOS? 138
    ¿Cómo actualizar Instagram desde Windows Phone? 140
    En conclusión 140

¿Cómo saber quién visita mi perfil de Instagram? **142**
    ¿Es realmente imposible saber quién visita mi Instagram? 143
    Aplicaciones para descubrir quién visita mi Instagram 144
        Apps que no funciona para ver quien visita tu perfil de Instagram 145
    Truco para saber quién visita mi Instagram 146

¿Cómo hacer un sorteo en Instagram? **148**
    Concursos o trivias y sorteos en Instagram 148
        Concursos o trivias 148
        Sorteos 149
    Factores a tener en cuenta para lanzar un sorteo en Instagram 150
        Objetivo de iniciar un sorteo en Instagram 150
        Inversión para realizar el sorteo en Instagram 151
        Servicios o productos ofrecidos con premios en Instagram 151
        Encargados de gestionar el sorteo en Instagram 152
    ¿Cómo realizar un sorteo en Instagram? 152
    Lograr que el sorteo de Instagram sea todo un éxito 154

¿Cuáles son los hashtags más usados en Instagram 2022?	**155**
¿Cómo puedes crear tus Hashtags?	156
¿Cuáles son los Hashtags más usados en Instagram?	158
Hashtags más usados en Temas generales en Instagram	158
Hashtags más usados en Gastronomía en Instagram	159
Hashtags más usados en Viajes en Instagram	159
Hashtags más usados en Moda en Instagram	160
Mejores herramientas para buscar los Hashtags más populares de Instagram	161
Webstagram	162
Analisa.io	162
Display purposes	162
Talkwalker	162
Hashtags.org	163
Hashtraking	163
Cómo personalizar los Highlights de Instagram	**165**
¿Qué son los Highlights Instagram?	165
¿Cómo personalizar los Highlights de Instagram?	166
Mantén uniformidad	166
Decide cual es el objetivo de tus Highlights	167
¿Cómo aprovechar la sección de historias destacadas Instagram?	168
Promueve hashtags de tus eventos	169
Promociona tus productos	169
Responde las preguntas de tus seguidores	170
Impulsa la credibilidad	170
Da ideas e información curiosa	171
Detrás de cámara	171
¿Cómo editar los Highlights Instagram?	172
Ventajas y desventajas de Instagram para empresas e Influencers	**174**
Pros y contras de Instagram	175
Es gratuita	175
Tiene muchas opciones de edición	176
Es fácil de manejar	176
Puedes bloquear a otras cuentas	177
Principales desventajas de Instagram	177
Edición sin dispositivo	178
Falta de privacidad	178
Falta de organización	178
Ventajas y desventajas de Instagram para empresas	179
Ventajas de Instagram para las marcas y empresas	180
El contenido es visual	180
Llega al público joven	180
Desventajas de Instagram para empresas y marcas	181
Público cambiante	181

En el PC no es lo mismo	181
Ideas para Instagram Stories	**183**
Las mejores ideas para Instagram Stories	184
Aprovecha las encuestas	184
Crea stories únicas y creativas	185
Deja que te conozcan	185
Ten en cuenta el sonido	186
Utiliza Instagram Live	186
Stories antes y después	187
Tendencias de Instagram que no te puedes perder	188
Instagram Shopping Checkout	188
Fusión de los chats de Facebook Messenger e Instagram	189
Instagram Reels	189
Cómo poner un Link en Instagram Stories y Biografía	**191**
¿Cómo colocar Links en Instagram Stories?	191
¿Cómo colocar Links en Bio de Instagram?	193
4 Apps	194
Otras opciones	195
Los 10 mejores editores de fotos para Instagram	**197**
VSCO	197
Características	198
Slow Shutter Cam	198
Características	199
Moldiv	200
Características	200
Snapseed	201
Características	201
Canva	202
Características	202
Pixlr Editor	203
Características	203
Facetune	204
Características	205
Foodie	205
Características	206
PRISMA	206
Características	207
PicsArt	207
Características	208
¿Por qué hacer buenas fotos en Instagram?	209
¿Qué es ShadowBan y cómo evitarlo?	**211**
¿Qué es el Shadowban o Baneo en la sombra de Instagram?	212

¿Cómo afecta el Shadowban en tu campaña de marketing?	213
¿Cómo evitar el ShadowBan?	214
No uses software que viole los términos y condiciones	214
Evita denuncias	214
No uses hashtags bloqueados	215
No excedas el uso diario	216
Toma un descanso	216
¿Es posible revertir los efectos del shadowban?	217
¿Es rentable comprar seguidores Instagram?	**219**
¿Por qué es necesario tener seguidores en Instagram?	220
¿Es comprar seguidores en Instagram?	221
Mayor atracción	221
Mayor visibilidad	222
Inversión mínima	222
Riesgos al comprar seguidores de Instagram	223
Penalizaciones de Instagram	224
No harás Engagement	224
Credibilidad de la marca	225
¿Comprar seguidores sí o no?	225

¿Qué es Instagram? La red social de moda

Instagram, la red social donde compartir tus experiencias con el mundo mediante las imágenes y recientemente vídeos, es todo un ritual. Sin duda, elegir el filtro y **los hashtags** que eleven el alcance de tus publicaciones y seguidores es toda una hazaña.

De hecho, se han creado editores y organizadores de fotos que te ayudan a darle un sello personal a tu cuenta. No obstante, el saber cómo usar Instagram no garantiza un pase directo a la fama.

Evidentemente, hay muchas cosas que ignoramos acerca de esta red social que tanto ha cambiado nuestras vidas. **Quién creó Instagram, cómo tener más seguidores, ¿en qué horarios publicar y cómo presentar tus fotos y vídeos es ya una cátedra.** Esto es todo lo que debes saber para hacerte todo un experto usando Instagram.

El origen de Instagram

Esta red Social, fue el fruto los emprendedores y programadores **Mike Krieger** y **Kevin Systrom**. Fue lanzada el 6 de octubre de 2010 para dispositivos Apple y se abrió en dispositivos Android el 3 de abril de 2012.

Sin embargo, Instagram no es la única red social para publicar fotos. **El secreto del éxito fue combinar la edición fotográfica con un espacio donde compartirlo e interactuar de forma confortable y sencilla.**

Los desarrolladores iniciaron su creación en San Francisco, fue 2011 cuando se incluyeron innovaciones como los hashtags y más herramientas de edición. Sin esperarlo, en 2012 llegó a tener más de 100 millones de usuarios, una cifra increíble para una red social con tan poco tiempo.

Obviamente, **Facebook** no se resistió a tan jugosa empresa, comprando la compañía en abril de ese mismo año.

Desde entonces, **Instagram ha evolucionado respecto al mercado digital posicionándose como la red que conecta las redes sociales.**

Instagram supo muy bien cómo dar la bienvenida a la era del marketing digital.

De manera increíble, se convirtió en un campo de práctica de publicistas y vendedores para el desarrollo de relaciones públicas sin límites. Evidentemente, es el eje de encuentro entre profesionales, artistas, medios de comunicación, figuras públicas y clientes, sobre todo clientes.

¿Cómo tener más seguidores en Instagram?

Es la pregunta que todo instagramer se realiza, en esta red social, los seguidores son símbolo influencia y eficiencia. Esto significa que, más seguidores es más popularidad y esta te da cierta confianza ante tus seguidores, no los decepciones.

Recuerda, más allá de la cantidad, es importante la calidad de quienes te sigan. Aumentar tu cifra de seguidores es una labor que requiere estrategias tanto creativas como ejecutivas, hay ciertos puntos que debes considerar:

Mi perfil

En Instagram, tu perfil es tu carta de presentación, pero no una de trabajo, evita iniciar tu descripción con méritos académicos. Los expertos aseguran que al usar redes sociales, empleamos nuestros instintos emocionales primarios, es decir, reaccionamos con entusiasmo o disgusto.

Por lo tanto, destaca en tu perfil algo que refleje tu lado humano, relaciónalo con tu área de trabajo si es posible. Concretamente, es el siglo XXI, lo que predomina para conectar con el mundo son tus aptitudes emocionales.

Mis fotos, vídeos y demás

El abanico de opciones para interactuar en Instagram es extenso y nos permite mostrar distintas facetas de nuestra vida. Aunque, se corre el riesgo de ser incoherente entre lo que muestres en una historia y una foto, por ejemplo. **Mantente centrado, te debes mostrar en Instagram como te muestras en tu vida diaria, en la vida real.**

En realidad, la frivolidad es permitida, pero evita crear una realidad alterna, igualmente en el contenido de tus publicaciones.

Cuándo y cómo publicar

Tus fotos son como municiones, no las desperdicies, úsalas sabiamente. **Primero, publica en horarios frecuentados por los usuarios: seis de la mañana, doce del mediodía, nueve de la noche.**

Estos intervalos mejorarán el alcance de tus fotos, cuidando que no se pierdan entre otras. Segundo, varía tus publicaciones, puedes iniciar con un selfie en la mañana y una foto grupal en la tarde, o un vídeo. Reserva las fotos especiales para la noche, tus seguidores tendrán más tiempo para detallarla.

Quienes sigo y me siguen

Si ya cumpliste con los puntos anteriores, es probable que veas como aumenta el número de seguidores progresivamente. **Ten en cuenta, seguir cuentas con muchos seguidores te incluye en los círculos de influencia en los que desees posicionarte.**

Sobre todo, cuídate de los bombarderos de información. Por supuesto, puedes seguir a quienes te inspiren, mientras no absorba tu tiempo. Recuerda, lo que no suma, resta; hay aplicaciones que te muestran quien no te sigue en Instagram.

Recursos y medidas de Instagram

Por ser la red social de vanguardia, Instagram actualiza constantemente sus políticas de privacidad y contenido y **el algoritmo de Instagram** es uno de los más complejos y exitosos.

Simultáneamente, tienes a tu disposición una gama de opciones por si deseas dar de baja tu cuenta Instagram, sincronizarla con otro correo, etc. Por supuesto, su atractivo principal son los **filtros y herramientas de edición.**

Ahora, permite estirar y encoger imágenes, además de agregar el nivelador de intensidad de los filtros. **Una de las últimas actualizaciones ha sido el superzoom.**

En cuanto a relaciones sociales, te permite la opción de silenciar y borrar comentarios. Obviamente, si las cosas se vuelven complicadas o se publica contenido que pueda violar tu integridad, puedes reportar dicha cuenta.

En casos extremos, puedes bloquear las cuentas que consideres necesarias si esos usuarios son verbalmente agresivos. Evidentemente, esto tiene sus pros y contras.

Incluso, puedes darle una localización a cada publicación, historia o transmisión para atraer a más personas a tu cuenta. **En resumen, es la red social de mayor alcance no solo en número de personas, sino que se adapta a los gustos y tendencias de cada población, generación y vocación.**

Instagram es el mundo que conecta al mundo, es la cuna del negocio moderno y redefine el concepto de venta, poder y mercado. Puedes jugar también con **las encuestas en tu Instagram Stories**, todo lo que puedas hacer es poco para mejorar tu perfil.

Instagram además permite vincular los links de tu página web, blog o tienda online. Adicionalmente, si creas una página en Instagram, se te ofrecen planes para aumentar el alcance y popularidad de tus publicaciones.

Además, te permite ver las estadísticas y crecimiento de tu página. No solo eso, Instagram permite realizar transmisiones en vivo y actualizaciones en tiempo real sobre cualquier hecho.

Números y fotos

No es sencillamente subir una simple foto, solo por publicidad, se estiman que las ganancias de Instagram ronden los 2,81 billones de dólares. **Actualmente, cuenta con más de 400 millones de usuarios.**

Por supuesto, las marcas no se han perdido de esto, liderando National Geographic con 48,4 millones de seguidores. Evidentemente, la cuenta número uno es la misma Instagram, siguiéndole en la lista la cuenta de la cantante Selena Gómez con 69,5 millones de seguidores.

Pero no todo es color de rosas, el número de cuentas falsas alcanza un porcentaje del ocho por ciento. Contrariamente, el número de personas registradas aumenta casi el doble por año.

Se estima que crezca al setenta por ciento aquellas franquicias que se integren a Instagram en el año 2017. Además, la mitad de los usuarios revisan y compran productos en esta red social.

Los números son favorables para aquellos que etiqueten a una o más personas en sus publicaciones. Incluso, la probabilidad aumenta exponencialmente si agregas locación y usas hashtags, consejo: usa máximo diez.

Creador de oportunidades

Esto hace de la fotografía un arte que da pasos agigantados, no solo para atraer seguidores. Adicionalmente, ayudan a los expertos a sondear el mercado para emplear las técnicas creativas y de influencia necesarias para atraer más consumidores.

Claro está, esto abre un nuevo campo de empleo da un nuevo enfoque a cualquier tipo de profesión y crea otros nuevos. **Recientemente, solemos escuchar términos como community manager, freelancer, influencer, Bloguero, siendo estos los tópicos en el mundo del marketing digital.**

Y no termina allí, Instagram ha permitido acelerar el fenómeno de globalización. Por lo cual, un diseñador en EE. UU., puede negociar con alguien en Italia. Obviamente, el punto medio entre estos negocios es Instagram, favoreciendo las transacciones internacionales a pequeña escala.

Instagram es el hábitat de relaciones ganar-ganar, de las marcas andantes y de los vínculos estrechos proveedor-consumidor. Por lo que, la nueva faceta de las ventas, no es solo vender algo, sino qué y cómo lo estás ofreciendo al mundo.

Piénsalo dos veces antes de publicar una foto, la siguiente podría ser tu oportunidad para ser exitoso. Instagram tiene un carácter tan personal como corporativo, debes aprender a jugar entre estas dos facetas.

No obstante, que reflejen quien eres, tu carácter y personalidad, eso enganchará a la perfección. **Asiste a más talleres respecto a cómo optimizar tu uso en las redes sociales.** Pues, siendo o no una persona de negocios, a todos nos atrae la idea de ser influyentes.

Instagram está de moda, y como la moda, tienes sus aciertos y sinsabores, evita ser de esos últimos. En el mundo de las comunicaciones digitales, Instagram es tu nexo para dar una primera impresión. Recuerda, que sea coherente con tu realidad y con lo que eres.

Da igual, seas artista, médico, diseñador o periodista, Instagram abre sus puertas a aquellos que se proyecten a triunfar. Pero, nada es expedito, construye una relación de credibilidad y confianza. Oportunamente, como en la moda, llegará el instante en que seas tú quien marque tendencia.

¿Qué uso piensas darle a tu cuenta desde ahora?, Instagram es un campo fértil de oportunidades. También, asegúrate de relacionarte con las personas adecuadas y disfruta de todas las ventajas que te brinda.

Por último: vive, Instagram es un reflejo de toda la vastedad de experiencias humanas. No dejes que las redes sociales consuman todo tu tiempo. Al contrario, procura perpetuar los momentos especiales en tu cuenta, Instagram es una herramienta, tenlo siempre presente.

Coméntanos a que te dedicas y cómo te ayudó este tema a considerar tu uso respecto a Instagram. ¿Marca tus tendencias o tiendes a dejar la marca? **Son muchas las personas y empresas que inician sus proyectos de forma digital, sin necesidad de un lugar físico.**

No lo olvides, comparte tus ideas y revisa foros sobre emprendimiento, marketing digital y redes sociales. Recuerda: "el único fracaso consiste en dejar de intentar" –Kin Hubbard.

¿Cómo funciona el algoritmo de Instagram?

Actualizado el día 23 de octubre de 2022 por Santos Muñoz Tebar

Mucho hablamos sobre qué debe hacer un perfil de empresa para aparecer en el feed de Facebook y mejorar el alcance de sus publicaciones, pero ¿y qué pasa con Instagram? Se trata de la red social de moda y de la preferida para usuarios, influencers y marcas.

Entender cómo funciona el algoritmo de Instagram y aprender a optimizar los criterios que se aplican en esta plataforma es fundamental para el éxito de toda estrategia.

Tres algoritmos de Instagram

Instagram aplica 3 algoritmos diferentes para establecer el orden en el que aparecer las publicaciones en el feed de cada usuario.

EdgeRank

Si gestionas dos o más cuentas, por más parecidas que sean, ya habrás notado que las publicaciones que aparecen en el feed no aparecen en el mismo orden. No hay dos cuentas iguales. ¿Cuál es el motivo?

EdgeRank establece los criterios para priorizar unos contenidos frente a otros según la actividad previa de cada usuario, y algunos de ellos son:

1. Cuentas a las que más likes has dado.
2. Perfiles que más has buscado.
3. Cuentas a las que envías mensajes privados.
4. Cuentas de personas a las que conoces en la vida real.

Gracias a este algoritmo, cada usuario ve en primer lugar las publicaciones de sus cuentas preferidas y/o con las que más interactúa. Si el orden de aparición fuese simplemente cronológico, los usuarios perderían la oportunidad de ver buena parte de los contenidos que más les interesan.

Hashtag Search

¿Cómo determina esta red social las **"publicaciones destacadas"** cuando buscamos un hashtag? No corresponde únicamente a publicaciones de cuentas de influencers y con un gran número de seguidores, como mucha gente piensa; sino al total de interacciones que una imagen recibe en un determinado tiempo.

Insistimos, **Hashtag Search establece estos criterios midiendo un periodo determinado y no el total en el tiempo**, lo que quiere decir que una publicación que se vuelva exitosa en pocos minutos tiene más posibilidades de posicionarse como "publicación destacada" que otra imagen que tenga un gran número de interacciones por llevar mucho tiempo publicada.

Instagram Stories Relevance

Posicionarse en las Stories de Instagram también es posible y algunos de los criterios que aplica este algoritmo son los siguientes:

Criterios generales:

- Cuentas con una **gran interacción** en sus publicaciones
- Cuentas que reciben más **mensajes privados**
- Historias de **perfiles que buscas**

Basado en el histórico de la cuenta:

- **Tiempo medio de visualización** de las stories de ese perfil por parte de los usuarios
- **Número de visualizaciones** que reciben las stories de una cuenta
- **Cantidad de mensajes** e interacciones que reciben estas publicaciones

Por estas razones, primero vemos las Stories que más se ven y que se ven completas y que se entiende que son las que más gustan a un público determinado.

¿Cómo optimizar estos algoritmos?

En Instagram también debemos seguirnos por la premisa principal que dice "más vale calidad que cantidad". Por tanto, para mejorar las interacciones y la visibilidad de las publicaciones de una cuenta de Instagram, estos son algunos consejos que podemos seguir:

1. **No publiques muchas fotos seguidas.** Es mejor que englobes todas en una publicación conjunta, que acumule todas las interacciones en una sola.
2. **Establece una publicación periódica.** Ni publiques a todas horas ni abandones la red social. Establecer un ritmo adecuado entre la saturación y el olvido mantendrá el interés por tu contenido.
3. **Publica a las horas adecuadas.** A pesar de que hemos comentado que el algoritmo EdgeRank posiciona primero las imágenes que

considera relevantes, eso no quiere decir que las nuevas publicaciones queden de lado. La novedad siempre es importante, especialmente a las horas de más interacción; por ello, debes mostrarte a tu audiencia cuando sepas que está conectada.
4. **No compres seguidores.** Muchos seguidores falsos sin ningún tipo de actividad penaliza tu cuenta, pues aunque parezca que te respalda una gran comunidad, el ratio de interacción será mínimo. Además, también puedes exponerte a que Instagram cierre esa cuenta.
5. **Usa los hashtags adecuados.** Los hashtags en inglés y más genéricos solo te atraerán likes y comentarios de bots automáticos y spam. Es preferible que apuestes por una estrategia más concreta y relacionada con tu publicación.

Con la explicación de los tres algoritmos que establecen el orden de aparición de Instagram y estos 5 consejos para optimizar la presencia e interacción de tu cuenta, no importa que tu perfil sea de nueva creación o no cuente todavía con una gran comunidad de seguidores.

Cómo crear una cuenta Instagram empresas

Actualizado el día 23 de octubre de 2022 por Santos Muñoz Tebar

Si no lo sabías ya, te lo contamos. Instagram ahora permite cambiar tu cuenta a una cuenta de empresa. Algo que Facebook ha tenido durante mucho tiempo, que Google Plus ha llevado a otro terreno con Google My business aprovechando las fichas de Google.

Y que ahora Instagram ha sabido aprovechar al darse cuenta de que muchas de sus cuentas no eran personales sino de empresas o marcas.

¿Por qué debería cambiarme a Instagram profesional?

En realidad no es que deberías de cambiar tu cuenta personal a una cuenta de empresa en Instagram. De hecho, si tu cuenta es personal lo ideal es que siga siendo personal.

Pero **si tu cuenta corresponde a tu negocio o si tú mismo eres tu propio producto** (véase sobre todo **profesiones artísticas, ya sean actores, cantantes, fotógrafos, etc.**) es muy probable que te interese pasarla a empresa.

Las principales razones por las que deberías cambiar tu cuenta de Instagram a una cuenta de **Instagram profesional** son las siguientes:

Botón Call To Action

#1. Si pasas a una cuenta de empresa en Instagram inmediatamente lo primero que verás en tu perfil es un nuevo botón o call to action de Contacto que permite:

1. Llamar por teléfono.
2. Mandar un email a la dirección que hayamos indicado previamente.
3. Obtener indicaciones través de Google maps de como llegar a nuestro negocio. (También deberemos introducir la dirección en este caso).

#2. Instagram te asignará una categoría que **procederá de la categoría que tengamos definida en Facebook.**

#3. Podremos acceder a analíticas. Tendremos un botón nuevo "Estadísticas" que nos ofrecerá datos muy relevantes tales como:

impresiones, procedencia de nuestra audiencia, sexo, horas, publi-caciones con más éxito, etc.

Además, **cada publicación tiene su propio botón de analíticas** que nos informa sobre las impresiones, alcance e interacción de cada post.

#4. **Promocionar nuestros post**. Al tener una cuenta de Instagram profesional también accederemos a la plataforma de publicidad de pago de Instagram. Esto nos permitirá segmentar nuestro público por ubicación geográfica, sexo, edad e intereses. Los post promocionados se acompañan siempre de un **call to action** o llamada a la acción que linkará a una URL que le proporcionemos. El botón podrá ser:

1. Más Información
2. Ver más
3. Comprar
4. Reservar
5. Registrarte
6. Contactar

Como traspasar nuestra cuenta de Instagram personal a profesional

Lo primero que debes saber es que para pasar tu cuenta personal de Instagram a una cuenta profesional la red te solicitará que tengas una **Fan Page en Facebook**. Con lo que si no tienes una cuenta de empresa en Facebook no podrás hacerlo. Durante un tiempo era Instagram el que te invitaba a convertir tu cuenta en profesional, pero ahora puedes hacerlo tú mismo desde tú menú.

En el menú Opciones de tu Instagram (los tres puntitos que verás en la esquina superior derecha de tu perfil de Instagram) verás un campo que pone **"Cambiar al perfil de empresa"**.

Como te hemos indicado, te solicitará conectar con Facebook y ahí te dejará elegir entre las diferentes páginas que administras en Facebook (si fueran varias). Selecciona la fan page que quieras asociar y en escasos pasos podrás configurar tu cuenta de Instagram profesional. Realmente muy sencillo. Así que ya sabes. Si tienes una empresa, negocio o marca personal, **no dudes en acceder a las oportunidades de análisis** y promoción que te brinda Instagram para empresas y empieza a diseñar tu estrategia de comunicación y marketing.

¿Cómo resucitar un perfil de Instagram?

Supongamos que entras a un nuevo equipo de mercadeo o te asocias con alguien que ya tenia un negocio donde ya existía un perfil Instagram. Has entrado al juego un poco tarde porque esa cuenta estaba allí antes de que pudieras tenerla en tus manos.

No le está yendo muy bien y todos los signos muestran que la cuenta pronto será una carga en lugar del mejor ejemplo de lo increíble que es este proyecto o empresa.

Los mejores consejos para revivir tu Instagram

Tienes que ponerte a trabajar y eso requiere un plan de emergencia que debes implementar de inmediato.

Hay algunas cosas que puedes hacer para rescatar la cuenta y mucho de esto depende los siguientes áreas que te voy a mostrar.

El perfil del negocio

Comenzaremos por insistir en que elijas un perfil comercial de Instagram antes de hacer cualquier otra cosa. De hecho, si la empresa no tiene uno, ese es un gran problema.

Dejando de lado el hecho de que le proporciona un conjunto de análisis directamente a través de la pestaña de **Estadísticas**, también tiene una enorme ventaja de accesibilidad.

Las empresas que tengan perfiles de negocios de Instagram verán que sus usuarios ahora pueden contactarlos directamente a través de la plataforma. Esto tiene enormes beneficios asociados.

También hace que el negocio parezca estar más actualizado y a la vanguardia del mercado. Todo se resumen en acceso. Si la cuenta que manejas tiene este perfil, simplemente hace que la comunicación sea mucho más fácil.

La mirada y la sensación

Si la cuenta de Instagram se ve mal, entonces transmite descuido. Tienes que actuar rápido para reducir el impacto de imágenes monótonas y de mala calidad.

Las mejores cuentas de Instagram tienen una apariencia que es completamente uniforme. Los colores y las imágenes tienen el mismo estilo en todas partes. Además de eso, hay más uniformidad en los títulos. Las marcas usan el mismo vocabulario y el mismo tono, de modo que una audiencia puede confiar en ellas.

Si puede, elimine cualquiera de las publicaciones anteriores que ya no son relevantes para su público. Estamos hablando de publicaciones que no le hacen ningún favor a la marca. No necesariamente tienen que ser embarazosos, pero pueden estar "fuera del tema" y lo más probable es que se destaquen.

No hay necesidad de aferrarse a cosas que no significan nada o simplemente son molestas. Observe el contenido de su mensaje publicitario y asegúrese de que las publicaciones que enturbian ese mensaje desaparezcan.

Despierta, nutre tu feed

Una de las principales razones para que las cuentas mueran lentamente es que la tasa de publicación no es la que debería ser. Deberías buscar publicar al menos 2 veces a la semana.

Dependiendo de tu tipo de negocio, será ideal publicar más veces y podrá ser una ventaja y por supuesto, estas publicaciones deben ser uniformemente increíbles, por lo que es tu trabajo asegurar de que lo sean, y que la alta calidad se mantenga a través de cada publicación.

Arregle el feed con publicaciones interesantes que merezcan ser compartidas o comentadas. La frecuencia de publicación es como el pulso de la cuenta, debe resucitar. Esto no requiere mucho trabajo, solo que conozcas rápidamente a la audiencia y les brindes lo que quieren, rápida y consistentemente.

Pon a prueba tus métricas y ve a lo que la audiencia ha respondido hasta ahora. Entonces dales más de eso. Una de las formas más rápidas de rescatar a un perfil moribundo de Instagram es obtener contenido regular de calidad para tu comunidad.

UGC o en español CGU

Significa "contenido generado por el usuario" y es el Boleto Dorado para una comunidad de rápido crecimiento en Instagram.

Estamos hablando en serio sobre esto si puedes obtener rápidamente un poco de participación del usuario y darle un buen uso, esto realmente funciona bien, solo debes crear un **hashtag** único relacionado a tu marca corto y fácil de recordar, si ya se tiene una audiencia (no importa cuán comprometidos estén) no debería tomar mucho tiempo armar un hashtag y una dinámica o dos que involucren a UGC.

Una vez que re-publiques (repost) ese contenido en el feed, ya estarás presentando un contenido relevante.

Debido a que es UGC, debe otorgarle crédito al usuario que creó el contenido. Pero una vez que tenga sus procesos establecidos para esto, puede esperar un crecimiento rápido. Comenzaríamos una competencia, una que tiene un premio relevante y valioso, y la tomaremos desde allí.

Contenido generado por el usuario

Caza a los robots o spam

No es un secreto que gran parte de las redes sociales están plagadas de robots. Tal vez 'plagado' es la palabra incorrecta, porque algunos robots son increíblemente útiles. Lo que tienes que hacer con la cuenta de Instagram del cliente es deshacerte del spam que no es útil y, en cambio, son francamente perjudiciales.

No hay forma de evitarlo, pero deberás echar un vistazo a los seguidores que tiene la cuenta que estás diagnosticando y asegurarse de que se eliminen los "seguidores" que parecen extraños.

Esto a veces es bastante difícil de entender, pero si estás buscando seguidores que ofrecen comentarios repetitivos malos o buenos siempre, entonces existe la posibilidad de que sean robots.

Pruébalo, comenta nuevamente y hazles una pregunta genuina. A los robots les resulta difícil responder preguntas para las que no están programados.

Este no es un problema que va a desaparecer pronto, pero lo menos que puede hacer es ayudar a la cuenta a tener una base de seguidores que se involucrará si está trabajando en el engagement.

Obtener que tus usuarios etiqueten a otros

La empresa o marca debe tener seguidores, y si has trabajado duro para deshacerte de los robots, entonces debes comenzar a trabajar rápidamente para volver a dar energía a los seguidores que quedan y atraer nuevos seguidores.

Consigue que los seguidores actuales etiqueten a sus amigos en Instagram, con algún tipo de incentivo detrás de ese etiquetado. Un concurso u otro tipo de incentivo puede ayudar, y si sus seguidores actuales pueden etiquetar a sus amigos, debería ver un aumento correspondiente en el interés y el compromiso.

¿Cómo conseguir seguidores en Instagram? ¿Es Fácil?

Una de las aplicaciones que ha tenido más relevancia en la última época es la de **Instagram**, esta red social que fue desarrollada en el año 2010 y tiene el objetivo de que sus usuarios sean capaces de subir y compartir fotos, vídeos, gifs e imágenes de distinta índole en otras partes del mundo.

En la actualidad, la aplicación de Instagram, que es compatible con dispositivos Android y iOS, tiene una cantidad que se acerca a los **sesenta millones de descargas en la Play Store** de dispositivos de casi todas las naciones existentes y **tiene un algoritmo propio**.

El problema más grande que experimenta la mayor parte de los usuarios de Instagram es que desconocen los métodos apropiados para volverse más populares en esta red social, cada uno de ellos teniendo sus propias características positivas y sus propias características negativas.

Es por ello que **se recomienda que si perteneces al grupo antes mencionado prestes mucha atención para aprender cómo conseguir seguidores en Instagram** y seas capaz de decidir por ti mismo cuál es la técnica que se adecua más a tus necesidades.

Además, **Instagram tiene ventajas y desventajas** que debes conocer antes de aventurarte a usarla y por supuesto, de comprar seguidores.

Páginas para Ganar Seguidores en Instagram

En el mercado existen muchas páginas que tienen **el objetivo de elevar la cantidad de seguidores que tiene un usuario de Instagram de formas totalmente automatizadas** para que su uso sea sencillo para las personas; sin embargo, se corren ciertos riesgos que se deben tomar en cuenta antes de hacer la decisión apresurada de utilizar alguno con tu cuenta de Instagram.

Una de las aplicaciones más destacadas en este aspecto para conseguir seguidores en Instagram es la de Meteor.

Esta herramienta cuenta con una cifra superior a las cien mil descargas en la Play Store de los dispositivos con sistemas Android o con iOS; el funcionamiento de la aplicación de Meteor+ implica que en ciertos períodos de tiempo la persona que la utiliza verá un aumento en la cifra de seguidores de su cuenta.

Por otro lado, también notará un aumento de las cuenta a las que se sigue, esta app para ganar seguidores en Instagram se debe usar con cautela a causa de razones que se explicarán más adelante.

Donde comprar seguidores Instagram

A pesar del funcionamiento de la aplicación **Meteor+**, muchas personas no se sienten atraídas con la idea de que su cuenta tenga un aumento en la cantidad de personas a las que se sigue.

Es por ello que si deseas ganar seguidores en Instagram sin seguir a nadie y que los resultados sean de forma automática, **existen varias herramientas que realizan esta función en cambio de una cantidad prudente de dinero**.

Sin embargo, se debe recordar que estos métodos con los que se intenta aumentar la cantidad de seguidores de una cuenta fuera de la página oficial son bastante menospreciados por los creadores y tienen que ser utilizados con cuidado debido a que, en el caso de que una autoridad se entere de ello, baneará la cuenta de forma temporal o de forma permanente según el criterio que tenga.

Cabe destacar que la mayor parte de estos casos terminan en el baneo permanente de la cuenta de Instagram del usuario en cuestión.

Conseguir seguidores en Instagram, las claves para conseguirlo

Las formas a través de las que un usuario puede ganar seguidores en Instagram de forma legal y gratuita, es decir, los métodos que no posibilitan la implementación del baneo de ningún tipo sobre la cuenta en cuestión, es bastante simple, pero, a su vez resulta bastante inconcreto debido a que está en un constante cambio al igual que la comunidad.

Es por ello que el primer consejo o la primera clave que se puede compartir para conseguir seguidores en Instagram, es **estudiar a la comunidad y descubrir los temas populares** de la actualidad.

Seguido a esto, el segundo dato de utilidad que se puede ofrecer y compartir para que una persona gane seguidores de una forma totalmente legítima en Instagram es que suba de forma constante el contenido más reciente que se ha popularizado en la comunidad para llegar a una mayor cantidad de usuarios.

Así, se puede aprovechar el tema hasta que este cambie y se requiera cambiar el contenido que se sube a la cuenta, **como recomendación de** varios, esto se debe realizar de forma en que la persona se sienta cómoda y no se sienta forzada.

¿Cómo hago para tener más seguidores en Instagram gratis?

Uno de los procesos más básicos a través del que un usuario puede conseguir seguidores en Instagram **sin generar ningún tipo de gasto económico es la simple interacción social**.

Si la persona quiere obtener más seguidores en una red social como lo es Instagram, lo primero que debe hacer es perder la ansiedad social o la timidez para hablar con otros como ocurre en el caso de muchos y charlar con otros usuarios de diversos temas para que la comunidad obtenga una buena opinión de la persona y sigan su cuenta.

Se pueden **automatizar las subidas de contenido en Instagram** de manera sencilla.

¿Cómo hacer para conseguir más likes en Instagram?

En la comunidad de Instagram existen en un principio dos maneras a través de las que un usuario es capaz de aumentar la cantidad de Likes o favoritos que reciben cada una de sus publicaciones, estas son las siguientes:

1. **El primero de los métodos de mayor relevancia para conseguir más likes o favoritos** en una publicación es creando contenido original que sea lo suficientemente variado como para que este genere curiosidad en los espectadores y con tal de que se mantenga la subida de este tipo de contenido, darán like y así por un largo período de tiempo durante el cual se aumentará la popularidad de la persona y al mismo tiempo los likes de sus publicaciones.
2. El segundo método más importante para que una publicación obtengo un mayor número de likes es **estudiando la temática que en la actualidad se mantiene como una tendencia y subirlo**, este método puede tardar más en lo que respecta a los resultados debido a que esta es la técnica más utilizada alrededor del mundo, es por ello por lo que se requiere de conocimiento para saber cómo aplicarlo de forma correcta con tal de no quedar como un usuario sin relevancia más del montón.

¿Cómo darse a conocer en Instagram?

En un principio se puede decir que en Instagram existen varias formas a través de las cuales se puede llegar a obtener una gran popularidad y conseguir seguidores en Instagram, algunos de los métodos de mayor importancia y más aplicados por la comunidad son los siguientes:

1. **Uno de los métodos más utilizados para ganar seguidores en Instagram** y de los principales que existen en Instagram para darse a conocer es un punto al que ya se ha hecho mención en una oportunidad anterior, este es el que se trata de la interacción que una persona debe realizar con los otros usuarios, además de colaborar en el aumento de seguidores que la cuenta puede experimentar, esto te puede ayudar a que un grupo mayor de gente tenga una imagen positiva de ti y haya una mayor probabilidad de que conozcan tu cuenta.

2. Otro de los puntos de mayor importancia que ayudan a que las personas compartan tu cuenta y así conseguir seguidores en Instagram y esta se haga más conocida es **crear contenido de una forma constante**, resulta un hecho bastante destacable que las cuentas más conocidas de Instagram son aquellas que realizan publicaciones todos los días o de una forma casi diaria en donde haya pocos días de por medio, este contenido subido casi diariamente puede no estar limitado a una sola temática con tal de que guste a un mayor grupo.

3. Si bien este no es método que muchos utilicen y que nadie realmente quiere decir que ha obtenido resultados, **el generar odio por parte de la comunidad hace que una cuenta de Instagram resalte y se vuelva reconocida**, si bien el reconocimiento de esta es en su totalidad negativa, **no se puede evitar decir que es una forma de darse a conocer**, esto también se ha aplicado y aunque parezca una mentira, ha funcionado en otras páginas, como lo YouTube o como lo es Twitter.

4. Otro de los métodos o técnicas de mayor relevancia en lo que respecta a conseguir seguidores en Instagram y un mayor reconocimiento de una cuenta en la comunidad de la red social de Instagram es el de crear una mayor cantidad de conexiones con las personas dentro de la comunidad. Esto quiere decir en otras palabras que si se sigue a una cantidad elevada de usuarios en alguna oportunidad terminarás siendo reconocido por la enorme cifra que hace alusión a las personas que son seguidas por tu cuenta.

El superzoom revoluciona Instagram

El mundo de las redes sociales cambia y mejora a una velocidad de vértigo, esto ya es innegable para todos los que vivimos en la "realidad" que nos ofrecen las redes sociales.

Instagram, Facebook, Twitter, Pinterest, todas evolucionan en busca de dar el golpe de efecto necesario para enganchar más a los usuarios y ser la red social de moda del momento.

El Superzoom de Instagram revoluciona a los instagramers

Siguiendo esta dinámica, Instagram tiene un nuevo efecto para los vídeos que podría acabar siendo una de sus mejores características originales desde el Boomerang. Y no es broma, este efecto ha revolucionado las Instagram stories durante los últimos días.

Y es que, esos dramáticos zoom que puedes ver a los usuarios añadiendo a los vídeos manualmente, moviendo el brazo como si fuese extensible, ahora se puede hacer de forma automática, gracias a una nueva función llamada' Superzoom'.

Superzoom, el nuevo efecto de vídeo para Instagram

Cuando te estés preparando para grabar un video, **justo al lado de la opción Boomerang estará Superzoom**. Presionando el botón del obturador durante mucho tiempo se creará un Zoom espectacular utilizando la cámara frontal o trasera.

Simplemente pulsando el botón del obturador puedes crear rápidamente un vídeo de 3 segundos. Junto con el propio Superzoom, se puede añadir una selección de efectos de sonido para mejorar la función. Algunos son realmente increíbles y dan un dramatismo cómico a la grabación.

Una vez creado un Superzoom, se puede añadir a la historia de un usuario para que todos tus seguidores vean tu nueva creación.

La interfaz de usuario es intuitiva, combina potenciales extremos para el usuario que sugiere que esta podría ser una de las características más exitosas de Instagram desde Boomerang.

Los usuarios ya han comenzado a usarla en su día a día, pero las empresas se ponen a la cola para empezar a usar este efecto en sus campañas.

Este tipo de acciones suelen ser beneficiosas para las marcas que saben explotar sus recursos al máximo y todas las **marcas que hablan con sus clientes** saben qué desperdiciar este tipo de acciones o simplemente llegar en último lugar, puede ser una pérdida de potenciales clientes.

Instagram, que ha conseguido copiar muchas de las funciones clave de Snapchat, podría utilizar algunas nuevas funciones originales para diferenciarse y por fin ponerse a la vanguardia de las redes sociales basadas en imágenes.

Otra nueva característica que se reporta en los trabajos es el vídeo de **stop motion**. Con esta función, los usuarios pueden tomar una serie de fotos y combinarlas en un GIF, creando películas animadas muy trabajadas.

Stop Motion será otro efecto, junto con Boomerang y Superzoom, que se puede aplicar a los vídeos y luego añadir a la historia de un usuario.

Superzoom está disponible ahora en la última versión de Instagram en iOS y Android. No se sabe cuándo, o si, Stop Motion se desplegará a una escala más amplia.

En algunos casos, los efectos de superzoom y stop motion no están siendo actualizados en todos los dispositivos, por lo que tendremos que esperar a tener todas las novedades en nuestras manos.

Filtros de Instagram: cómo funcionan y cómo utilizarlos

¡Instagram! Es una de las redes sociales más conocida y usadas en todo el mundo, ¡Hasta en el área 51 lo usan!, conocida principalmente por los **diferentes filtros fotográficos** que tiene esta aplicación. ¿Sabes como poner filtros de Instagram? Entras en la app, pero, ¿no te salen los filtros en Instagram?

Los filtros no son más que efectos que puedes agregar a tus imágenes, fotos o vídeos, que cambia la apariencia original de las mismas.

Instagram cuenta con tan solo dos tipos de filtros: los que agregas antes de compartir tus actualizaciones en tu feed o en tus historias y los que agregan a la imagen, foto o vídeo antes de capturarlas.

Y estos solo los puedes utilizar al compartir Insta Stories o historias de Instagram.

¿Quieres actualizar tu vieja foto de perfil de Instagram? Todos están **usando esos filtros de Instagram para fotos** que son muy divertidos y tú también quieres probarlos, pero… Un momento, ¿no sabes usarlos? ¡Aquí te enseño cómo hacerlo!

Cómo poner los filtros de Instagram

¿Cómo agregar los filtros en las fotos que vamos a publicar en nuestro feed o nuestro perfil, inicias tu sesión en Instagram? Eliges de tu galería la foto o vídeo que quieras compartir y luego haces clic en "siguiente". A continuación, te aparecerán **todos los filtros que tengas disponible en la**

red social; se clasifican en cuatro grupos y te aparecerán en el siguiente orden

- Blanco y negro
- Luminosos
- Oscuros
- Saturación de colores.

Tienes la **opción de ajustar el filtro a tu preferencia** una vez que lo apliques a la fotografía, ya que en las fotos no todas tienen la misma intensidad de luz o saturación. Seleccionando el icono cuadrado que aparece a mano derecha tienes la opción de agregar un marco a tu foto.

Te daré unos **tips supergeniales** sobre cómo tener un feed ordenado y coherente. El contenido que publiques debe seguir un mismo orden y estilo. Elige uno o dos filtros que estén presentes en todas tus fotos, esto le aportará cierta seriedad a tu feed o perfil en Instagram.

Claro, si alguna vez quieres resaltar una foto por encima de todas las demás, puedes utilizar un filtro diferente y así destacarla de todas las demás publicaciones.

Los mejores filtros de Instagram: Apps, retoques, máscaras y más para tus imágenes o vídeos

Si ya tienes el vídeo grabado o la foto hecha y quieres actualizar tu historia, simplemente seleccionas tu "historia", buscas el contenido en la galería y para aplicar el filtro desplaza de derecha a izquierda y de esa manera seleccionas el que más te guste.

Por cierto, en la parte superior derecha te aparecerán tres iconos en el siguiente orden. Te enseñaremos cuáles son las **funciones del filtro para imágenes y vídeos**. De derecha a izquierda el primer icono te permitirá escribir con el teclado lo que desees.

Puedes seleccionar el tipo de letra que te guste más, puede ser clásica, moderna, neón, tipo máquina de escribir o negrita, dándole el color de relleno que quieras.

En el segundo icono podrás escribir sobre la imagen a mano alzada, teniendo la opción de elegir el grosor del marcador digital y por supuesto el color. Por último, el tercer icono tiene **stickers** para agregar ubicación, #hashtag, la fecha, temperatura, cuestionario, etc.

Los mejores filtros faciales en Instagram

Para **tener acceso a los filtros faciales** debes deslizar en tu timeline de izquierda a derecha. Teniendo tu móvil de frente, en la parte derecha te aparecerá un icono con forma de cara en la opción normal, allí le darás seleccionar. Al realizar esta acción aparecerá una barra donde estarán los diferentes filtros y entonces elegirás el que desees para hacer una foto o vídeo.

Ahora te explico, qué **filtros según la actualización de Instagram** que tengas puedes crear. Los filtros no tienen nombres específicos, aquí le daremos nombre según su función:

- **Maquillaje:** Podrás crear una foto o vídeo como si llevaras un fabuloso maquillaje (Labial, rubor, y sombra en tus ojos).

- **Perrito con las orejas caídas:** Conseguirás hacerte una foto o vídeo con orejas y nariz de perro, las orejas estarán hacia abajo.
- **Maquillaje dorado:** Con este filtro, igual te verás maquillada, pero con tono dorado, parecerá que estás utilizando la última colección de maquillaje de Kim Kardashian West.
- **Realeza:** En la foto o vídeos que hagas aparecerás con los labios pintados de rojo muy intenso y un tocado negro sobre la cabeza como toda una reina.
- **Gafas:** Podrás hacerte una foto o vídeo con las gafas de sol que más te gusten. En este mismo filtro hay diferentes, con tan solo mover ligeramente tu cabeza se cambiarán.
- **Luz:** Con este filtro la foto o vídeo que hagas tendrá una mejor iluminación.
- **Arcoíris:** Podrás añadir un arco iris a tu foto o vídeo.
- **Corazones:** En tu foto o vídeo aparecerá un cañón lanzando corazones ¡Explosiones de amor!
- **Gatito:** Podrás hacerte una foto o vídeo con unas tiernas orejas y nariz de gato.
- **Goal:** ¿Estás celebrando una meta cumplida? Este es el filtro perfecto, en tu foto o vídeo lloverá confeti y aparecerá la palabra "GOAL".
- **Perrito:** Orejas y nariz de perro.
- **Amazonas:** Te sentirás dentro de una selva amazónica, pues en tu foto o vídeo aparecerán diferentes plantas.
- **Cupido:** Parecerá que cupido te ha lanzado sus flechas, tus ojos serán dos corazones y habrá flechas de amor por todos lados.

- **Universo:** En tu foto o vídeo estarán un tanto más oscurecidas y los filtros serán sobre las constelaciones, galaxia, ¡estarás el espacio!
- **Sin rostro:** Al abrir la boca con este filtro se te irán cayendo la nariz, los ojos y la boca… Te quedarás sin rostro.
- **Primera plana:** Al abrir la boca este filtro aumentará el tamaño de tu boca de tal manera que quedará en primer plano.
- **Conejito:** Foto o vídeo con orejas y nariz de conejo.

Así se personaliza el menú de filtros en Instagram

Siempre tendrás **filtros preferidos**, aquellos que utilizarás con mucha frecuencia y otros que no te gusten y simplemente no lo vayas a usar.

¿Sabías que puedes ordenarlos? Así estarán tus preferidos en primer lugar, y además **ordenarlos te ahorrará mucho tiempo.**

Personalizar tu menú de filtros es muy sencillo... El primer paso es acceder a tu aplicación de Instagram y seleccionas una foto como si fueras a publicarla (no es necesario que la publiques si no quieres), hacer esto es lo que te va a permitir que aparezca la opción de agregar los filtros.

A continuación, después de ver la lista de filtros que tengas disponibles, te aparecerá la opción "administrar". Después de pulsar esa opción te aparecerá una nueva ventana con todos los filtros.

Para organizarlo según tu preferencia, colocando como primeras opciones los que más te gusten y utilices, a la izquierda verás un icono con el nombre del **filtro que quieres mover** y llevarlo a la posición en la que desees que aparezcan pulsando el icono lo podrás mover.

Si no quieres ver ni siquiera esos **filtros que no te gustan**, hay una opción que te permite deseleccionarlo. Esto no significa que estás eliminando el filtro de la aplicación de Instagram, solo lo estás reservando de tu menú personalizado.

Cuando desees **recuperar un filtro,** de nuevo accedes a la opción "administrar", seleccionas nuevamente y ¡listo! Recuperaste el filtro.

Un dato más. Aunque no quieras personalizar tu menú ni ocultar filtros, si accedes a la opción que ya te hemos indicado, podrás **ver posibles filtros que se hayan añadido** a Instagram, pero que no te aparezcan.

Te enseñaré algunos **trucos para que tus historias sean más cool** e interactivas. Por ejemplo, crea tu propio rainbow text (texto de arcoíris), para crear un efecto arcoíris,. Tendrás que usar las dos manos, después de escribir lo que desees, selecciona el texto y mantén pulsado un color, luego desliza un dedo por los colores y otro por el texto y ¡listo! Tendrás creado el efecto arcoíris.

¿Quieres **espiar los Stories** de alguien sin ser visto? Esta es la manera de hacerlo. El primer paso es cargar la historia de la persona que quieres espiar, ya que el siguiente se cargará automáticamente. El segundo paso es poner tu móvil en modo avión antes que termine la historia y verás el siguiente sin que la persona lo sepa.

Crea tus propios **filtros con emojis.** Selecciona una foto, elige el emoji del color que quieras, amplía el emoji hasta que los bordes queden pixelados y ¡Ya lo has hecho!

¿Quieres llamar la atención? Aplica la técnica del "Follow, unfollow, follow" (seguir, dejar de seguir, seguir). El objetivo es que te hagan "follow back" (seguir de vuelta).

¡Crean un zoom instantáneo, es superfácil! Dentro de la aplicación, como si fueras a sacar una fotografía, mantén presionado el círculo del medio y desliza poco a poco el dedo hacia arriba y después hacia abajo para alejar.

Si quieres que unos emojis siga a alguien en un vídeo, es decir, que se mueva sobre la persona, solo tendrás que mantener pulsado el emoji, lo colocas sobre la persona que quieres que siga y ¡listo!

Aplicaciones para añadir filtros a Instagram

Ya aprendiste a utilizar los filtros de Instagram, ¡genial! Aunque Instagram te ofrece **filtros muy buenos y divertidos**, puedes resaltar aún más tus fotos, sí, puedes hacerlo **creando tus propios filtros**. Para hacer esto puedes utilizar muchas aplicaciones. Te recomendaré algunas y por qué usarlas:

Photoshop Express

La aplicación de Photoshop no solo la puedes utilizar en el ordenador, también están disponible para tu móvil, en la aplicación para móviles encuentras filtros gratuitos y diferentes.

Están clasificados de la siguiente manera:

- Básico
- Natural
- Blanco y negro
- Retrato
- Tono dúo
- Color emergente
- Encanto

Puedes **aplicar uno o más filtros a una misma imagen**, y en la opción "mis looks" puedes guardar la configuración de filtros que has creado y más tarde utilizarla en otras fotos.

También puedes hacer collage, añadirles textos o stickers. Esta aplicación tiene la maravillosa opción de poner la foto o imagen a los tamaños determinados para otras aplicaciones como Facebook, Twitter, Instagram, LinkedIn, YouTube, etc.

VSCO

Esta aplicación te **permite crear tus propios filtros,** pero algunos de los que ya están creados no son gratuitos. Para colocarle filtro a tu foto deberás hacer lo siguiente: agregarla como nuevo proyecto y seleccionas el segundo icono de la barra inferior, allí te aparecerán los filtros que son gratuitos y un icono de tienda para **comprar filtros Premium.**

Algo muy positivo sobre esta aplicación es que puedes **crear de forma muy fácil** partiendo de colores ya predeterminados por la aplicación. ¿Cómo hacerlo? En la barra inferior hay varios iconos, pulsamos sobre el segundo y seleccionamos la opción dividir tono. Esta opción permitirá editar la intensidad de colores para hacerlos más claros o más oscuros dando tonos a las sombras o toque de luz.

Para guardar el filtro, vas a pulsar de la barra inferior el tercer botón y listo habrás creado tu filtro, una vez guardado lo podrás aplicar a todas las fotos que quieras.

PicsArt

Esta tiene muchísimos **filtros que puedes aplicar a tus imágenes gratuitamente,** además de que es una de las mejores para Instagram. Esta aplicación es tan increíble que la opción para editar es mucho más profesional ¿por qué? Si prefieres puedes descartar zonas y así dar paso a fotos mucho más creativas.

Esta aplicación ordena los efectos según el tipo de filtro, lo encontrarás de la siguiente manera.

- **Filtros FX:** En esta sección verás filtros muy parecidos a los que tienes en tu aplicación de Instagram.
- **Mágicos filtros:** Aquí verás filtros que transforman una foto real en un cómic.
- **Desenfoques filtros:** ¿No sabes cómo usar Photoshop o aplicaciones más profesionales? Esta es la sección perfecta para desenfocar y así resaltar lo que deseas en tu foto.
- **Artísticos filtros:** ¿Quieres que tu foto sea una obra de arte? Aplicando este filtro a tu foto, parecerá ser una pintura ¡una obra de Picasso!
- **Filtros de colores:** En esta sección sentirás que has vuelto al jardín de niños, pues, te permite colorear, destacar color, reemplazarlo.

Esta aplicación tiene muchos más filtros o secciones de edición que le darán un toque fabuloso a tus fotos. ¡Pruébalo y mejora tus fotos!

Snapseed

Esta **aplicación es fácil de usar**, contiene herramientas de edición y también filtros variados. Los filtros se encuentran en la sección "diseños" o ir a la opción "herramientas" y ver los filtros específicos:

- Retrato
- Paisaje HDR
- Brillo glamour
- Drama
- Retrolux
- Noir
- Blanco y negro

La aplicación también te da la opción de añadir textos, marco y stickers a tus fotos o imágenes.

LightRoom

Esta aplicación está conecta a Adobe, es de **uso más profesional,** siendo muy útil para hacer distintas cosas y aplicar filtros que están en la barra inferir sobre la opción "perfiles". Se clasifican en:

- Básicos
- Favoritos
- Blanco y negro
- Artísticos

- Vintage
- Moderno

Instagram también te **permite crear tu propio filtro**, partiendo de los siguientes colores: rojo, naranja, amarillo, verde, azul claro, azul oscuro, morado y rosa. ¿Cómo podemos realizar nuestro propio filtro? Sigue estos siguientes simples pasos:

De tu galería, selecciona una foto y en la opción "color/mezclas" haces clic. Seguidamente, tendrás que pasar color por color y elegir el tono, la saturación y la luminosidad. Después de que hayas hecho esto con cada uno de los colores y por si luego quieres volver a utilizarlos, puedes guardarlo.

En fin, existen muchas **aplicaciones para editar y aplicar filtros** en tus vídeos o fotos, aquí te hablé solo de algunas. Pruébalas, crea, explora y sé tendencia divirtiéndote con todas ellas.

Lo que algún día fue un diario de imágenes, **Instagram hoy se ha convertido en un gerente de marketing**, capaz de elevar una marca personal. Si quieres sentirte como pez en el agua en esta red social, te recomiendo aplicar las sugerencias o tips que has visto aquí.

Cómo subir fotos a Instagram desde PC ordenador o Mac

¡Instagram es la red social del momento y preferida por muchos usuarios! Instagram es ideal para subir fotos de todo lo que más te guste. Además, te ofrece muchas herramientas para personalizar tus fotos y ponerle un toque único como: etiquetar amigos, filtros, añadir ubicación y ajustes de color.

¿Cómo subir una foto en Instagram desde el ordenador?

Una de las opciones que los usuarios hemos pedido durante años es **subir fotos a Instagram desde PC**, ¿Se puede hacer?

Y lo mejor es que lo puedes hacer desde cualquier lugar del mundo y es muy útil como técnica de marketing. Esta red es fascinante, me tiene enganchado.

Tras el creciente boom de Instagram, **muchas empresas**, profesionales o marcas requieren de utilizar **Instagram desde el PC o Mac** o simplemente subir las fotos que han realizado con la cámara digital.

¿Cómo subir fotos a subir fotos a Instagram desde PC? **En este post te explicaré** a detalle **diferentes técnicas** que tienes a tu disposición **para acceder desde tu ordenador a Instagram**, con esto verás cuál es la opción que más se acomoda a tus preferencias.

Como subir fotos a Instagram desde tu PC sin tener que instalar la aplicación.

Te voy a explicar de manera muy fácil como instalar la aplicación a tu ordenador **en pocos pasos muy sencillos y así publicar en Instagram desde PC**. ¡No te preocupes! Te haré saber una técnica bastante fácil y con la cual es posible **subir a Instagram desde PC o Mac** accediendo a Google Chrome o Firefox.

Comenzaré explicándote de **forma muy breve y con pasos simples**, así que si tienes fotos en tu ordenador que has querido subir a Instagram presta atención.

Subir fotos a Instagram desde PC en Google Chrome o Firefox

Es muy sencillo subir fotos a Instagram desde el ordenador, el truco está en aprovechar tu navegador favorito para **"engañar" a Instagram como si estuvieras accediendo desde un dispositivo móvil**.

El primer paso es utilizar o escoger cualquiera de estos navegadores el que desees y acceder a la página principal de Instagram, luego ingresa de forma habitual a tu usuario y clave de acceso.

Una vez allí, el segundo paso importante es hacer clic con el botón derecho del ratón y seleccionar la opción **"inspeccionar" o "inspeccionar elemento"** como sea que les aparezca en su ordenador.

Por último, como tercer paso, en el cuadro nuevo que se visualizará **haz clic en el icono de dispositivo móvil** y selecciona el dispositivo que prefieras utilizar, a continuación, se podrá observar el icono de subir fotos ya a nuestra disposición.

Sigue estos simples pasos para subir fotos a Instagram desde PC y de esta forma el sistema operativo de Instagram creerá que estás accediendo desde un dispositivo móvil. Al hacerlo se activa con facilidad las herramientas para subir fotos a la red sin ningún problema. Fácil y rápido, ¡Inténtalo!

Como subir fotos a Instagram desde tu Mac sin tener que instalar la aplicación

Desde tu Mac **podrás subir fotos a Instagram desde PC** sin tener que descargar la app, es muy parecido cuando utilizamos un PC. Primero deberás **descargar el navegador Google Chrome** o si ya lo tienes ¡perfecto! Una vez en Chrome busca la página de Instagram y accede con tu usuario y contraseña. También es interesante editar tus fotos antes de subirlas y, puedes usar BeFunky para ello

Después de esto, el segundo paso es mantener pulsada la **tecla "Ctrl o Control"** y dar clic derecho con el ratón. Selecciona la opción **"Inspeccionar" y activa el icono móvil que** puedes visualizar en el cuadro. De esta forma se activará la barra de desarrollador del navegador dando a entender que tu acceso es a través de un dispositivo móvil.

Una vez seguidos los pasos anteriores, selecciona el dispositivo móvil que desees o el de tu preferencia desplegando la lista de dispositivos o Smartphone. Para finalizar el proceso se debe actualizar la página o

presionar "F5", verás que aparecerá la opción de subir fotos emulando como si estuvieras desde un móvil.

Y si tienes dudas de como volver a la pantalla de PC o Mac normal, solo con un simple "clic" lo podrás hacer. Cuando termines de usar la versión de dispositivo solo tienes que cerrar la pestaña de desarrollador de PC o Mac y la vista desaparecerá de inmediato.

Instalando y cambiando tu navegador a una versión móvil

Cambiar a versión móvil también es muy útil. Existe la posibilidad de publicar imágenes en Instagram desde tu PC utilizando una extensión de Chrome que lleva por nombre **"User-Agent Switcher"**. Lo Puedes descargar para **Mozilla** y para Chrome.

Si instalas esta herramienta podrás cambiar el agente de tu ordenador para que Instagram crea que las publicaciones o fotos se están subiendo desde un dispositivo móvil. ¿Quieres saber como hacerlo?

Se debe tener instalada la extensión de Chrome para poder subir fotos a Instagram desde PC y elegir la versión móvil de preferencia en la lista de dispositivos disponibles, actualizar o refrescar la página y enseguida se observará **el icono "+" característico de Instagram** ubicada en el centro del equipo donde se podrá subir fotos siendo exactamente idéntico como si lo hicieras desde la app de un móvil.

De esta manera puedes entrar sin problema alguno, debido a que Instagram a dispuesto desde tiempos recientes la publicación o subir fotos a esta aplicación desde este tipo de navegador móvil y teniendo un resultado semejante entre ambos.

Así es, ¡es un superagente en cubierto y disfruta del placer de compartir tus fotos favoritas!

App de Instagram para Windows 10, descargarla es fácil

Esta es **una opción para subir fotos a Instagram desde PC** que además está ya a la disposición de los usuarios de Windows. Aunque se hizo bastante de rogar y esperar por varios años, ya se puede obtener la aplicación de Instagram desde esta nueva versión del sistema operativo Microsoft.

Si posees **cuenta Microsoft,** desde allí puedes **descargar la app oficial de Instagram**, ubícala en la tienda y selecciona tu ordenador con **Windows 10**. Después de tenerla descargada, instala la app y haz clic en el icono de inicio para abrir la aplicación que estará ubicada en la sección "recientes".

Inicia sección como de costumbre con tu usuario y contraseña.

Esta versión es bastante impactante, viene con las funciones de Instagram Stories, direct y explorar. Debes tener un espacio disponible para la descarga de esta app de aproximadamente 54 MB.

Una vez que la uses para subir fotos a Instagram desde PC observarás una amplia gama que te permitirá hacer esta aplicación. Con la app de Windows 10 podrás:

- Publicar fotos y vídeos
- Editarlos
- Usar filtros
- Compartir las fotos en las historias
- Añadir textos
- Seguir nuevas cuentas
- Enviar mensajes
- Compartir fotos a otras redes sociales

Instalar Instagram a través de BlueStacks, ¿Es posible?

La técnica consiste en usar Instagram a través de un simulador de dispositivo móvil. Este te permitirá publicar fotos editadas directamente desde tu ordenador PC o Mac sin tener que trasladarlas al móvil.

Usando la aplicación **BlueStacks** lo que hará es virtualizar la interface de un móvil al ordenador y permitirá también descargar e instalar aplicaciones.

El paso a paso para hacerlo es:

- **Primero** descargar la última versión de Bluestarcks e instala.
- **Segundo**, asocia la cuenta que poses de Google haciendo clic en la esquina inferior derecha y también ingresa un número de teléfono.
- **Para finalizar de manera exitosa**, solo descarga Instagram para tu Mac o PC, es tan sencillo como eso.

Entonces, ¿Qué técnica te gusta más? Utiliza la que más te convenga y sumérgete ya en esta increíble experiencia de usar Instagram en tu ordenador favorito ya sea PC o Mac

Subir fotos a Instagram desde PC de tus viajes, aventuras o paisajes ahora es más fácil. **Amplía tu negocio o los servicios que ofreces de tu empresa,** profesión o marca. Escoge la técnica que quieras y sigue los pasos, veraz que es muy fácil, rápido y práctico.

Cómo descargar fotos de Instagram

La red social de Instagram nos permite compartir nuestras fotos y ver las de otros, además encontramos **imágenes divertidas, informativas y artísticas** y llenas de filtros. De seguro has querido tenerlas en tu galería, ya sea para mostrarlas a tus amigos o para compartirla en tu feed.

Aunque hay distintos métodos para descargar fotos de Instagram como, por ejemplo, hacer un Screenshot (captura de pantalla) o guardarlas en tu colección, **estas opciones no te garantizan una buena calidad de la imagen.**

Pero no te preocupes, te enseñaré paso a paso **como descargar fotos de Instagram** de manera rápida y sencilla.

Descargar fotos de Instagram a tu móvil o Smartphone

Aunque la red social de **Instagram no tiene una opción para descargar contenido multimedia** (vídeos, fotos, imágenes, Stories o historias) como otras redes sociales, tal es el caso de Facebook que, además, también permite descargar sus vídeos y Twitter, que también lo permite, con ayuda de otras Apps podrás **descargar imágenes en la red social Instagram** fácilmente. Aquí puedes ver todas ventajas y desventajas de Instagram.

Donde sea que te encuentres, teniendo tu dispositivo móvil con Internet puedes guardar las imágenes de Instagram que desees en la memoria de este e incluso en tu Tablet u ordenador, siguiendo estos tips y soluciones. Además, ahora también puedes subir fotos a Instagram desde tu ordenador PC o Mac.

Usando la App Video Downloader For Instagram

La conseguirás en Play Store, después de instalarla autorizamos los permisos. La misma aplicación te explicará paso a paso como **descargar imágenes en Instagram**, será así:

- Lo primero es acceder a la aplicación original de Instagram y buscar la foto o contenido que queremos bajar
- En la parte superior derecha está un icono con tres puntos en forma vertical, pulsamos allí en la opción "copiar enlace"
- Volvemos a la aplicación y esta ya habrá detectado el enlace y bajado el archivo automáticamente e incluso te dará la opción de compartirlo por WhatsApp

Usando la App Instg Download para Android

Esta aplicación, como bien lo dice su nombre, te permitirá **descargar las imágenes que desees e incluso vídeos que se encuentren en Instagram**, además de tener una opción que te permite publicar en tu perfil el contenido que hayas bajado.

Los pasos para usar Instg Download son muy fáciles:

1. Baja la aplicación
2. Abrirla y aceptar los permisos de la aplicación
3. Selecciona "Open Instagram" y busca el contenido que quieres obtener
4. Una vez en la publicación, selecciona el icono del avión y pulsa en la opción "copiar enlace"
5. Regresa a la aplicación Instg Download

6. Luego el enlace automáticamente se pegará en el cuadro de texto, si no lo hace, procede a pegarlo tú mismo
7. Selecciona en "Guardar Imagen" (Save Image) o "Guardar Vídeo" (Save Video)
8. Nombra el archivo de descarga y ¡listo!

Con estos ocho simples pasos ya tendrás en tu galería almacenada la imagen o vídeo y **con la mejor calidad de resolución**.

Usando la App Fastsave for Instagram para descargar fotos de Instagram

Esta es otra aplicación exclusiva para Android, es muy popular pues es una de las más sencillas y fáciles de usar.

1. Obtén la aplicación mediante Google Play
2. Si no la sabes usar te aparecerá un tutorial que tú decidirás si verlo o saltarlo pulsando todas las flechas que te llevaran al inicio de la App
3. Selecciona la opción "Fastsave services" y actívala
4. Pulsa el botón "Open", este te llevará de vuelta a la cuenta en la que habías iniciado sesión
5. Elige la foto que te haya gustado haciendo Clic
6. Por último selecciona "Copiar enlace" y descarga

Claro, **es necesario que la cuenta de la quieres descargar la imagen sea pública**, si no lamentablemente la aplicación no funcionará.

Usando la App Downloadgram

Con esta fantástica aplicación para descargar fotos de Instagram no solo podrás usarla para **descargar las imágenes en tu Smartphone o dispositivo móvil**, sino que incluso podrás usarla en tu ordenador.

1. Instala la aplicación en tu dispositivo
2. Simultáneamente inicia sesión en Instagram
3. Elige la foto que quieras bajar haciendo clic
4. Copia la dirección URL (o selecciona "copiar enlace")
5. Abre la aplicación Downloadgram y pega la dirección URL
6. Haz clic en "Download" (Descargar)
7. Una vez que la foto haya cargado por completo, selecciona "Download Image" (Descargar Imagen)

La imagen elegida se habrá guardado en la carpeta "Descargas".

Usando la App Fastsave para iPhone iOS

Las aplicaciones anteriores para descargar fotos de Instagram eran de uso exclusivo para móviles Android, pero te mostraré una **aplicación especial para iPhone**.

Este es el caso de Fastsave para IOs, esta App es muy fácil de usar, sigue los pasos con atención:

1. Baja la aplicación
2. Elige la imagen que quieres tener en tu galería
3. Selecciona la opción "Save Image" y se habrá guardado en tu iPhone.

¡Sí, así de sencillo es descargar imágenes de Instagram! **Puedes hacerlo tanto de la cuenta de tus contactos como de los Influencers que sigas.** Desde ya puedes empezar a probar cuál de estas aplicaciones te gusta más.

Como descargar fotos de perfil de Instagram

Seguro has querido ver una foto de perfil a gran tamaño y no has podido, pensar en descargarla en tu móvil te parece difícil. Pues bien, es así de fácil:

1. Baja la aplicación "Perfil de descarga de fotos para Instagram", es de funcionamiento sencillo y gratuito
2. Abrimos la aplicación, permitimos que acceda a los archivos de nuestro dispositivo móvil
3. Introducimos el nombre de la cuenta de la cual queremos obtener la foto de perfil, ¡y listo!

Aparecerá en la pantalla nuestra foto elegida, tenemos la opción de descargarla y **además podemos compartirla en otras redes como WhatsApp o WhatsApp Web.**

¿Cómo descargar Stories o historias de Instagram en tu Smartphone?

Las aplicaciones que te enseñé a usar anteriormente para descargar los archivos multimedia de Instagram no son compatibles para **descargar Stories**, porque estas no tienen un enlace URL. Pero tranquilo, eso no es un problema, **te explicaré también qué aplicaciones tenemos para ello y como usarlas.**

Aplicación StorySaver

Los pasos para obtener las historias con esta aplicación son los siguientes:

1. Una vez que hayas instalado la App, debes iniciar sesión desde allí
2. Busca la historia de tu contacto, que aparecerán en el orden de la publicación más reciente y si lo que quieres es descargar la historia de alguien que no sigues, solo debes buscar su nombre exacto de usuario
3. Tras seleccionar la historia te aparecerán tres opciones "repost" es decir, republicar ese contenido en tu historia, la otra opción "Save" esta guardará la historia como un vídeo en tu galería y, por último "Share" se selecciona cuando deseas compartirlo en WhatsApp, correo, entre otros.
4. El contenido se guardará en tu galería.

Esta es la más usada por lo práctica y segura que es, además es especial para sistemas Android. La encontrarás completamente **gratis en Google Play**.

Aplicación Instagram + + para IOs

Si el sistema de tu Smartphone es iPhone, el método para descargar historia es muy distinto. Desde el navegador de tu móvil vas a acceder a una tienda llamada "Tutu App" de aplicaciones chinas. Después de instalar esta App, deberás aceptar todos los permisos de seguridad. Sigue estos pasos:

1. Escribe en el buscador "Instagram + +" y descargas
2. Accede desde la App a tu cuenta, allí verás el mismo formato que la aplicación original de Instagram (solo que con anuncios)
3. Y finalmente ubicas la historia que quieres
4. Pulsa el icono de la parte inferior derecha con forma de flecha
5. Seguidamente, la aplicación nos preguntará de qué tamaño queremos la descarga, elegimos y listo.

Descargar fotos de Instagram a tu PC u ordenador

Para descargar fotos de Instagram en tu ordenador es indispensable bajar al **navegador "Downloader For Instagram"**, pues permitirá adquirir el contenido que quieras de esta red social (fotos, imágenes y vídeos). Si no usas Chrome tienes la opción de **"Instagram helper for Firefox"**.

Una vez que hayas instalado en el navegador la extensión de "Downloader For Instagram" o "Instagram helper for Firefox", sigue los siguientes dos pasos:

1. Inicia sesión en Instagram desde tu navegador
2. Busca la publicación que deseas adquirir
3. Pulsa la opción "Descargar" que está ubicada en la parte superior izquierda

Además de este método, te enseñaré cuatro opciones más que podrás utilizar para descargar fotos de Instagram a tu PC u ordenador

Opción 1: Con Google Chrome

Esta técnica para descargar fotos de Instagram es muy usada por su sencillez y facilidad, además que te permite descargar las imágenes **superando el tamaño de 600 x 600 píxeles**. ¿Quieres adquirir tus próximas imágenes con este método? Te explicaré cómo hacerlo.

1. Nos ubicamos en la foto que queremos obtener
2. Seleccionamos la opción inspeccionar dándole clic en la tecla segundaria de nuestro ratón
3. Seguidamente, aparecerá un menú y seleccionamos "Application" luego "Frames", "Top" y por último "Images"
4. Al seleccionar la última opción se nos abrirá una ventana con cada una de las imágenes que contenga el perfil
5. Hacemos clic sobre la imagen que nos gusta y pulsaremos en nuestro ratón el botón derecho la opción "Open Imagine in a new Tab" para abrir la imagen en una pestaña nueva
6. Tan solo hay que pulsar en la opción "Guardar imagen como", renombramos y listo

¿Te has fijado?, **descargar fotos de Instagram online** están sencillo como abrir y cerrar los ojos.

Opción 2: Con Firefox

Con Firefox también es posible descargar las fotografías de Instagram que desees **sin utilizar extensiones ni aplicaciones externas.** Solo sigue los siguientes pasos:

1. En la parte superior izquierda de la barra URL hacemos clic en el icono en forma de "i" que se encuentra al lado del icono en forma de candado
2. Hacemos clic sobre la flecha, luego seleccionamos "conexión" y seguidamente "más información"
3. Se abrirá una nueva ventana con diferentes opciones, y nosotros seleccionamos "medios" y allí aparecerán todas las imágenes
4. Pulsamos sobre la imagen en cuestión, y seleccionamos "guardar como" ¡y listo!

Opción 3: Downalbúm

Esta extensión te permitirá descargar fotos de Instagram, imágenes y también los vídeos que quieras, solo debes instalarlo mediante Chrome Store y no te preocupes, **es totalmente gratis** y facilísimo de usar.

1. Instala Downalbúm
2. Abre una pestaña en el buscador con la versión web de Instagram
3. Luego debes buscar el perfil y pulsar en la foto que quieres obtener

4. Aparecerá la opción debajo de esta "Download" la imagen se abrirá en una nueva pestaña
5. Por último, selecciona clic derecho "Guardar imagen como", renombras el archivo y ya lo tienes

Para guardar los vídeos de Instagram, sigue los mismos tres pasos y listo.

Opción 4: Hackeando (Truco)

No soy un mago, pero te enseñaré un **truco supergenial para descargar imágenes en Instagram**. Observa como lo debes hacer:

1. Inicia sesión en tu cuenta
2. Busca la foto que quieres adquirir
3. Una vez que la hayas elegido, haz clic derecho sobre ella y selecciona la opción "Abrir enlace en una nueva pestaña, así obtendremos la URL
4. Para poder descargar la imagen en tu ordenador, **añadirás lo siguiente a la URL: «/media/?size=l»**
5. Haciendo esto habrás **hackeado la foto de Instagram** y solo te quedará descargarla en la opción "Guardar imagen como".

De seguro, al seguir todos los pasos de cualquiera de estas opciones lograrás obtener las imágenes que quieras y cuando quieras. **¡Inténtalo y verás!**

¿Quieres descargar Stories o historias de Instagram en tu ordenador?

Te enseñaré ahora como **descargar fotos de Instagram online** de las historias, sin la necesidad de instalar aplicaciones externas que puedan poner en riesgo la integridad o funcionamiento de tu ordenador.

Además, no importa que tu ordenador sea Apple o Windows, seleccioné las mejores herramientas online, entérate de cuáles son y cómo usarlas.

Instawload

Elegí esta como la primera opción porque está muy bien valorada entre sus usuarios, por su rapidez e intuitiva.

Con solo dos pasos tendrás las historias que quieras:

1. Primero entra en la Web, coloca "Instawload" y pega en su buscador el enlace o dirección URL del perfil del cual quieres descargar la Storie
2. Te aparecerá un listado de todas las historias del perfil elegido, descarga la que deseas

Instaview

Esta, a diferencia de la anterior, tiene los pasos para descargar las Stories más claros y evidentes, deberás tenerla guardada entre tus páginas favoritas para obtenerlas. Ahora, la similitud que tiene es que **debes copiar y pegar el enlace exacto del contacto** y así acceder a las Stories activas.

InstaPerfil

La página que sin duda debes probar es esta InstaPerfil.com, es supersencilla. Como sabes, las Stories de Instagram no tienen dirección URL, así que el procedimiento es **pegar en el buscador de la página la URL de la cuenta y pulsar clic en "Buscar"**, así tendrás sus 24 horas en historias. ¡Sí, así de fácil!

Descargar Stories o historias desde pc o móvil de forma manual

Por último, y no menos importante, encontré otro método manual y artesanal, algo distinto a lo que he presentado anteriormente para descargar fotos de Instagram.

No necesitarás aplicaciones, páginas web ni extensiones a tu navegador. Claro, esto no te garantiza la calidad del contenido, pero si **es una buena opción mucho más fácil y directa.**

Lo primero que debes hacer para descargar fotos de Instagram, es localizar el contenido foto o vídeo que quieres bajar, tras hacer esto, captura el contenido si se trata de una imagen o foto realizando un Screenshot desde tu ordenador o móvil y, por último, recorta la imagen o foto al tamaño que quieras.

Si se trata de un vídeo, ¿crees que será complicado? ¡Para nada! Usarás un método semi-manual, ya que en este caso si necesitarás la ayuda de una aplicación o herramienta para grabar pantalla. Una vez en la historia, graba lo que ocurre en ella mientras se reproduce.

Advertencia

Si el contenido que vas a adquirir (ya sea foto, imagen, vídeo o historia) deseas hacer repost debes **atribuirlo al autor original, especialmente si estos son comerciales**. Debes usarlos de forma **consciente y siempre respetuosa**, no hagas daño a los demás usuarios ¡Stop al cyberacoso!

¿Cómo descargar historias de Instagram?

¿Deseas disfrutar de las historias de Instagram por mucho más tiempo, pero aún no sabes cómo lograrlo? Descargar historias de Instagram es la mejor solución y desde hoy, te será fácil hacerlo.

Las Instagram Stories o historias de Instagram son una novedosa herramienta de la popular red social Instagram. Las Instagram Stories fueron ideadas para que los usuarios puedan publicar fotos y vídeos en tiempo real y con una duración predeterminada.

Las publicaciones de Instagram Stories son más volátiles, es decir, tienen una duración mucho más corta que las publicaciones normales, por lo que debes recordar, guardarlas a tiempo, de lo contrario desaparecerán en 24 horas.

Pero almacenar las historias de Instagram no es una tarea fácil, pues esta plataforma no tiene opción de descarga. Por eso es importante que sepas como **guardar las publicaciones que te hayan gustado** desde tu móvil u ordenador.

Si aplicas las sencillas alternativas que te iré mostrando en este post, podrás obtenerlas con mucha facilidad. Pero primero voy a detallarte qué son las Instagram Stories y cuáles son algunas de sus características.

¿Qué son las Instagram Stories?

Básicamente, son herramientas creadas principalmente para **publicar fotos y vídeos** de nuestro día a día. Estas a diferencia de otras publicaciones, tienen una duración de 24 horas.

Las Instagram Stories son muy fáciles usar. Puedes compartir tus gustos, experiencias, pensamientos, las vivencias de tu día a día y todas aquellas cosas que consideres importantes.

Como las historias de Instagram se destacan especialmente por el aspecto visual, también son una alternativa bastante útil para aquellos empresarios que deseen utilizarla para **promocionar algún producto o proyecto de Marketing**. Todo esto ha logrado convertirla en la herramienta favorita de la mayoría de los usuarios de Instagram.

Principales características de Instagram Stories

Cada día son más los que se atreven a usar las Instagram Stories, debido a que les ha llamado la atención todas sus maravillosas características. Además, el gran éxito que estas han tenido les permiten llevar cualquier mensaje a todas partes mundo.

Entre sus características más destacadas podemos mencionar las siguientes:

Capacidad ilimitada

Instagram Stories permita a los usuarios de Instagram publicar todos los contenidos que se deseen. Con esta herramienta **no existen límites** para la cantidad de historias que desees subir. Ahora también puedes subir fotos a Instagram desde tu ordenador PC o Mac.

Aunque esto es una estupenda noticia, no es recomendable que abuses de esta, pues de ser así, lograrás cansar e incomodar a tus seguidores y por supuesto, no deseas que eso ocurra.

Corta duración del contenido

A muchos les atrae este aspecto de la plataforma, pero limita el poder descargar historias de Instagram, pues no siempre se pueden guardar las publicaciones a tiempo. El motivo principal por el cual Instagram Stories adaptó el tiempo de duración a 24 horas y dejó crear filtros en las propias Stories, es para ayudar al usuario a **mantener el interés activo de tus seguidores**.

Las frecuentes publicaciones que genera este método de Instagram, mantienen entretenidos a tus seguidores y te aporta cercanía con ellos. Solo tendrás que invertir un poco más de tiempo y escoger un contenido de calidad y original.

Esta característica es muy demanda por los "Influencers", quienes mediante sus publicaciones buscan crear mayor expectación en su público y así dar pie a más participación.

Organiza tus publicaciones

Las historias de Instagram llegaron como una solución a las molestas sobre-publicaciones de algunos usuarios, pues cada historia organiza tu contenido por día, dando facilidad de ubicación y permitiéndote publicar todo lo que desees, con un bonito aspecto.

Agregar historias destacadas

Si activas esta opción en el momento de realizar tu historia, se creará en tu perfil un segmento donde podrás verlas en cualquier momento que desees, sin importar que ya haya pasado el límite de las 24 horas.

Archivo de historias

El gran éxito que ha tenido Instagram Stories ha permitido la creación de una nueva función. El maravilloso "Archivo de historias", herramienta que te permitirá marcar todas las publicaciones favoritas de tu cuenta, y además, te ofrecerá una **mejor distribución del contenido**.

Privacidad

Si deseas mayor seguridad en tu cuenta, solo tendrás que activar la función de "Privacidad". De esta manera solo tú y tus seguidores podrán ver las publicaciones realizadas. También puede ser aplicada con algunos seguidores en específico.

¿Cómo descargar las Instagram Stories manualmente?

Si deseas conservar alguna publicación de Instagram Stories que haya llamado tu atención guardándolas en tu Pc o dispositivo móvil, te mostraré paso a paso como hacerlo de forma manual.

Debido a que en las Historias de Instagram podemos encontrar fotos y vídeos, será necesario que apliques medidas diferentes para cada uno.

- **Fotos:** La opción más viable para que puedas obtener imágenes por tu cuenta en Instagram Stories es hacer un sencillo **capture de pantalla**. El paso siguiente será recortar la imagen y luego guardarla.
- **Vídeos:** En este caso, tendrás que aplicar una medida semi-manual, pues será necesario tener la ayuda de otra herramienta o aplicación. Contando con el apoyo de software adicional, solo tendrás que poner en **grabación la pantalla durante la historia**, para que realice la captura del contenido en formato multimedia.

Finalmente, puedes editar, publicar, enviar o solo conservar el contenido obtenido. Teniendo en cuenta que, si vas a compartir algo ya publicado por otra persona, debes mencionarla. Así le atribuirás su derecho de autor y no tendrás una mala reputación.

¿Cómo descargar historias de Instagram desde nuestro Pc con herramientas Online?

Te alegrará saber que puedes acudir a diversas herramientas Online para descargar tu contenido favorito de Instagram Stories, sin necesidad de realizar los complejos procesos de instalación de aplicaciones de terceros.

Lo primero que debes hacer para usarlas es localizar el archivo que quieres conservar, y después copiar la cuenta donde se hizo la publicación. Luego utiliza cualquiera de estas maravillosas herramientas:

¿Cómo copio la dirección de la historia de Instagram?

Esto es lo primero que debemos tener claro. Para obtener la URL de alguna foto o vídeo de las historias de Instagram, solo tenemos que pulsar el botón ubicado en la esquina de la pantalla (donde están tres puntos) y seleccionar la opción "Copiar enlace", luego pegamos la URL en cualquiera de estas alternativas de descarga que vamos a ver y seguimos los procedimientos de cada herramienta.

También es importante resaltar que estas herramientas **solo descargarán los contenidos de usuarios que tengan sus datos indicados como públicos**. En caso de que tengan activada la privacidad, no se te permitirá realizar la descarga.

Instaview

Todos los usuarios de Instagram deberían tener marcada como favorita esta maravillosa herramienta para descargar historias de Instagram. Instaview, a diferencia de otras, funciona de manera **más intuitiva**, aportando facilidad tanto de acceso como de uso.

Utilizarla resulta muy sencillo, solo tendrás que copiar y pegar en la plataforma la dirección del contacto, para que en solo un instante te dirija a todas las historias publicadas en ese día.

Instaperfil

Todos los usuarios que han probado esta herramienta para descargar historias de Instagram, dan muy buenas referencias de ella. No solo destaca por su **práctica forma de uso**, sino que su **gran rapidez**, ha sido algo que ha dejado asombrado a muchos, sobre todo a sus competidores.

Con Instaperfil lograrás ver cualquier historia que desees. Solo tendrás que pegar en el buscador de la página la dirección elegida, y tras hacer clic, obtendrás todo el contenido publicado en ese día.

Instawload

Entre las mejores herramientas para descargar Instagram Stories, Instawload no puede faltar. Su gran éxito se debe a que siempre ha ofrecido un servicio de **calidad**. Funciona de manera similar a las otras herramientas ya mencionadas. Solo pegas en su buscador la URL del perfil que desees visualizar, se hace clic en Download y listo.

¿Cómo descargar historias de Instagram con tu dispositivo Android e iPhone?

Quizá ya has notado la gran cantidad de aplicaciones que existen para almacenar Stories en tu móvil. Algunas herramientas son muy sencillas y otras no tanto. Lo cierto es que todos alcanzan un mismo objetivo: el de permitirte obtener aquellas imágenes y vídeos que han atraído tu atención.

Con ese objetivo en mente, te presento las mejores aplicaciones para usar con tu dispositivo Android:

Story Saver

Esta sin duda es una de las mejores aplicaciones y una de las más valoradas por los usuarios que quiere descargar historias de Instagram. La podrás encontrar ubicada en la tienda de Google Play.

Story Saver te facilitará descargar Instagram Stories de tu cuenta o las de otras personas. Solo será necesario descargar la App e iniciar sesión en tu cuenta de Instagram. Luego tienes buscar el usuario deseado, seleccionar sus historias y pulsar en la opción de descarga.

También te será muy práctica la versión de Story Saver de descarga de vídeos, la cual te ayudará a obtener cualquier vídeo de la red social Instagram gracias a sus tres sencillos pasos.

Save and Repost For IG

Esta aplicación para descargar historias de Instagram es ideal para lograr obtener cualquier publicación de esta volátil opción de Instagraml. Con ella podrás **bajar contenidos** y publicarlos sin necesidad de instalar aplicaciones adicionales para Regram, y su función es muy similar a Story Saver.

Si eres de Android, descarga esta App en elnace de abajo. Si eres de iOS, ahora paso a describirte cuál es la mejor aplicación de Instagram para dispositivos iPhone.

Instagram++

Esta aplicación de App Store, es mucho más sencilla que las anteriores, debido a que **puede ser instalada fácilmente** con solo escanear un código QR especial. Después de ello, en la tienda de aplicaciones te aparecerá Instagram++.

Una vez instalada en tu dispositivo, solo tendrás que iniciar sesión para indicar el usuario de la Stories que te interese. Al final, se hace clic en guardar y listo.

Después de haber descargado tu foto o vídeo, queda de tu parte el uso que le vayas a dar. Solo deseo recordarte que siempre debes tener mucha precaución.

¿Por qué descargar las historias de Instagram de otro perfil?

Ciertamente, Instagram ha llegado a ser la red social favorita de muchos, pues les ha permitido compartir todo lo que les gusta con sus seguidores. Además, esta red ha logrado un **gran alcance mundial**.

Muchos aprovechan las historias de Instagram para poner un enlace y para ganar más seguidores o para promocionar algún producto. Pero, la gran mayoría lo usan como un medio para entretenerse. Aun así, debes saber en detalle lo interesante de compartir historias de Instagram de otros usuarios.

Para disfrutar más tarde del contenido publicado

Desde luego que a ti, como a cualquier usuario de Instagram, te llama la atención todas las publicaciones de las Instagram Stories. Pero a veces estamos tan ocupados en nuestro día que no nos permite que se puedan disfrutar justo en el momento en el que son publicadas.

A eso, también hay que sumarle que **el algoritmo de Instagram** da prioridad a los seguidores que más interactúan con nosotros, lo que puede hacer que se nos pasen Stories. También, es posible que cierto inconveniente no te haya permitido asistir a algún evento importante, pero quieres estar al tanto de todo lo que se realizó allí.

La **gran ventaja de Instagram** y que te ofrece Instagram Stories, es que con ella puedes **ver todas las fotos y vídeos que haya publicado** cualquier amigo, compañero de trabajo o familiar. También, puedes guardarlas mediante las diferentes herramientas de descarga, para que puedas disfrutarlas en otra ocasión, con más detenimiento.

Para conseguir ideas creativas

Aunque algunos usuarios de Instagram no son tan activos en sus publicaciones, se valen de las Instagram Stories para estimular su inspiración. Aprovecha las **ideas creativas publicadas** por otros usuarios, donde puedes ver de algún concepto expresado en una de estas historias, y plantearlas con ciertas modificaciones como una idea original y atrayente.

Puedes valerte de las publicaciones de empresas e influencers para encontrar tu contenido favorito, tal como cocina, jardinería, carpintería, peluquería, decoración, manualidades, electrónica, música, literatura, entre otros.

Para guardar algún recuerdo

Es posible que un amigo o conocido publique una foto o vídeo muy especial para ti o simplemente donde tú aparezcas, y deseas guardarla para tenerla de recuerdo. Para conseguir ese contenido, puedes aplicar cualquiera de las alternativas antes mencionadas.

Para compartirla en otras redes

Si te gustó alguna foto de Instagram Stories y quieres compartirla con tus seguidores de Instagram o de otra red social como Twitter o en las historias de Facebook, te será sumamente práctico los **métodos de descarga** que he recomendado.

También puedes descargar vídeos de Facebook, descargar vídeos de Twitter o descargar vídeos de YouTube. Solo debes tener en cuenta cuál se adapta mejor a lo que estás buscando.

Ventajas de utilizar las historias de Instagram

- Las publicaciones se descargan con mucha más rapidez
- Son sencillas de ver, bien sea en modo automático o deslizando el dedo sobre la pantalla
- Puedes repetirlas todas las veces que desees
- Los archivos de Instagram Stories **no ocupan mucho espacio**
- Son una buena fuente de entretenimiento
- Te aporta mayor conexión con tus seguidores
- Son la herramienta ideal para mostrar nuestros momentos más divertidos
- Esta herramienta es una buena **alternativa para impulsar tu empresa** o negocio

- Tus publicaciones tendrán un gran alcance y mayores visualizaciones
- Puedes probar con diversos contenidos y así lograr ver cuál es el que más ha captado la atención
- Son una alternativa muy económica para promover cualquier proyecto
- Indica claramente a otros que has hecho una nueva publicación, mediante un círculo de colores alrededor de tu foto de perfil

¿Qué hacer para activar las Instagram Stories de tu cuenta?

En primer lugar, debes descargar la última actualización de la red social Instagram, luego puedes definir si tu perfil es personal o empresarial. Dirígete "al Feed de noticias" que se encuentra ubicado en donde está la casita (Home) y haz clic sobre tu foto de perfil y después donde dice "historia".

Después de que aparezca un icono de cámara, haces clic en él para elegir la foto o vídeo que desees compartir. Selecciona un formato que se adapte a tu gusto, tal como Boomerang, en vivo, texto, superzoom, manos libres, música, dibujar, entre otros.

Después de publicar tu contenido, podrás visualizar la cantidad de vistos deslizando el dedo sobre la pantalla en dirección hacia arriba.

¿Qué debo tener en cuenta para el éxito de mis publicaciones en Instagram Stories?

Seguramente no te gustaría que tu perfil de Instagram fracase, pero esa es la triste realidad de algunos usuarios de esta red. Para que no te llegue a ocurrir eso, es necesario que sigas las siguientes recomendaciones:

- Si vas a hacer un vídeo, asegúrate de realizar las grabaciones en formato vertical
- Agrega a tu contenido algunos efectos, como Emojis y textos
- Para lograr una **mayor receptividad de las publicaciones** puedes valerte de los GIF, Hashtag y de vez en cuando de alguna ubicación
- Utiliza una cámara de alta resolución y trata de capturar fotos interesantes
- Finalmente, vive el día a día y deja volar tu imaginación

Conclusión

La plataforma Instagram, ha llegado a tener un éxito rotundo tanto por su **compatibilidad con la red social Facebook** y también por sus Stories. Aunque son muy efímeras, pues apenas tienen 24 horas de duración, son muy utilizadas por una gran cantidad de usuarios en todo el mundo.

Es estupendo saber que se pueden utilizar diversas herramientas para obtener los contenidos más destacados de las historias de Instagram. A diferencia de otras redes, con Instagram no se pueden hacer descargas ni asignar "Me gusta".

Lo mejor de todo es que esta maravillosa herramienta cada día se va actualizando más, con la intención de obtener mejoras en su plataforma y para aportar interesantes novedades a todos sus usuarios.

Sin importar si eres un usuario particular de Instagram o que la utilices para dar a conocer tu negocio, puedes valerte de herramientas de descarga, para guardar todas las fotos y vídeos de cualquier historia. Cada una te permitirá **acceder al contenido que más te guste** de manera sencilla, práctica y cómoda.

¿Cómo borrar o eliminar la cuenta de Instagram para siempre?

¿No te gusta usar la red social Instagram? ¿Careces de tiempo para revisar todas las publicaciones o simplemente estás cansado de ella? ¿Crees que es poco segura?

Son muchas las **razones que motivan a un usuario a eliminar la cuenta de Instagram**. Si es eso lo que estás buscando, te alegrará saber que **puedes despedirte de una de las redes sociales más usadas en el momento que quieras** y de manera sencilla.

Si no sabes cómo borrar cuenta de Instagram y eliminar tu perfil en esta red, ¡no te desesperes! Dentro de poco sabrás como lograrlo. Y si no estás tan seguro de cerrar permanentemente tu cuenta, también conocerás otra opción que ha resultado ser mucho más segura en casos de arrepentimiento.

¿Qué debes tener en cuenta antes de cerrar tu cuenta de Instagram?

Eliminar una cuenta de Instagram no es una decisión fácil. Pues indiscutiblemente esta es una de las **plataformas de comunicación más populares del mundo**. Además, es un medio que le da a cualquier usuario un increíble potencial para llevar información de manera rápida, efectiva, segura y muy extendida.

La aceptación de esta red ha sido tan asombrosa, que es poco frecuente que un usuario busque eliminarla. Algunos aseguran que han tomado esa decisión por impulso. Es tan potente Instagram, que han decidido que se puedan subir fotos a Instagram desde tu ordenador PC o Mac.

Pero también es posible que alguien quiera darse de baja en Instagram para **proteger la seguridad personal** o que posea más de una cuenta en esta plataforma. Aun así, debes evaluar tu decisión antes de que sea demasiado tarde.

Son muy variadas las ventajas y desventajas de Instagram, de hecho, muchos usuarios se esfuerzan diariamente por mantener activas sus cuentas personales y comerciales, y por evitar que otros violen sus políticas de privacidad. Por eso, sea cual sea el motivo que tengas para eliminarla, piénsalo bien, no vaya a ser que luego te arrepientas.

Desactivar vs. eliminar una cuenta de Instagram

Si todavía no estás seguro de borrar tu cuenta de Instagram definitivamente, tienes la maravillosa opción de desactivar o inhabilitar tu cuenta. Siendo así, **nadie podrá tener acceso al contenido de tu perfil** y solo cuando tú lo decidas reaparecerás en las búsquedas.

Muchos optan por inhabilitar su cuenta por seguridad o buscando descansar un poco de esta red social, sin riesgo de perder el contenido publicado.

Por otro lado, Instagram te dará un plazo para que la vuelvas a reactivar. Por supuesto, si deseas, puedes hacerlo antes de dicho plazo, iniciando sesión con tu correo y contraseña.

Por el contrario, cuando eliminas una cuenta en Instagram, todos tus datos (fotos, vídeos, me gusta, comentarios y seguidores) se **borran de forma definitiva** y no habrá manera de que puedas recuperarlos.

Pero si ya tomaste la decisión de borrar tu cuenta de Instagram, debes tener en cuenta que ni la desactivación ni eliminación de esta pueden realizarse desde un dispositivo móvil. Por lo tanto, para hacer este proceso es necesario que **inicies sesión desde un ordenador.**

Algo importante que debes hacer, si no quieres perder tu contenido favorito, es tomar algunas medidas al respecto. Dependiendo del tipo de archivo que desees guardar, puedes hacerlo a través de capturas o descargas (Aprende a descargar fotos de Instagram y a descargar historias de Instagram). También puedes bajar alguna aplicación que te facilite este pesado proceso o simplemente **realizar una copia de seguridad del contenido**.

Como desactivar una cuenta en Instagram temporalmente

La aplicación móvil Instagram, siempre favorecerá la opción de desactivación de cuenta. De hecho, este proceso resulta **mucho más sencillo que el cierre definitivo de la misma**. Para lograrlo debes seguir los siguientes pasos:

1. Ubicar un **ordenador** y tener a la mano los datos personales y de seguridad de tu cuenta.
2. Inicia sesión colocando tu correo y contraseña.
3. Una vez abierta tu cuenta has clic sobre tu usuario para obtener una vista general del mismo.
4. Pulsa en la opción "Editar perfil".
5. En la parte final de la columna derecha te aparecerá la opción **"Inhabilitar temporalmente mi cuenta"**.
6. Después se desplegará un menú donde debes seleccionar la razón por la cual estas inhabilitando la cuenta. Si ninguna de las que se muestra coincide con tu motivo, también puedes explicar dicha razón, seleccionando la opción "otro motivo".
7. Ingresa nuevamente tu correo y clave, y elige la opción "Continuar con el proceso".

Recuerda que para volver a activar tu cuenta en esta red solo tendrás que iniciar sesión como siempre lo has hecho.

¿Cómo borrar cuenta de Instagram permanentemente?

Si lo pensaste bien, y aun así deseas cerrar definitivamente tu perfil en la plataforma de Instagram, también **podrás lograrlo de manera sencilla**. Para conseguir eliminar una cuenta de esta red social, primero tienes que estar conectado desde un PC. Luego debes seguir cada uno de los pasos que verás a continuación:

1. Guarda o protege las fotos y vídeos que quieras conservar (solo si así lo deseas).
2. Busca un **ordenador** donde puedas realizar el proceso y ten a la mano la contraseña de la cuenta en caso de que no la recuerdes.
3. Dirígete a la opción "Asistencia" o "Ayuda". La podrás encontrar en la parte final de la página.

4. Después escribe en el buscador una expresión que refleje tu deseo de abandonar permanentemente la cuenta, como "Eliminar cuenta" o "Borrar perfil".
5. Ahora aparecerán una serie de resultados de tu búsqueda y debes elegir el que mejor se adapte a tu requerimiento (muchos seleccionan la primera opción).
6. Una vez dentro, podrás acceder a las instrucciones para eliminar una cuenta de Instagram.
7. Ahora debes hacer clic en un enlace donde luego se te pedirá que expliques la razón por la cual estás eliminando la cuenta. También se te recomendará la opción de desactivación temporal.
8. Al elegir un motivo, se desplegará una serie de sugerencias para intentar convencerte de que no cierres la cuenta. Pero si aun así deseas eliminarla, solo debes continuar, colocar tu clave y hacer clic en **"Eliminar definitivamente mi cuenta"**.

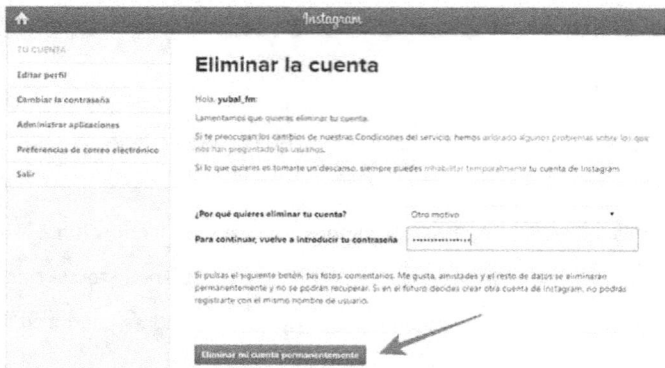

Algo importante que debes saber es que, si en un futuro deseas crear otra cuenta en esta plataforma, **no podrás colocar el mismo nombre** para tu usuario. Esta es una medida de seguridad para que nadie se haga pasar por ti.

Listo, ya has podido borrar tu cuenta de Instagram. Ahora disfruta de tu tiempo libre y, si te arrepientes, siempre podrás volver a crear una cuenta de Instagram.

¿Cómo hacer encuestas para Instagram Stories?

Instagram es la red social más popular entre los millenials. Actualmente, cuenta con la funcionalidad de hacer encuestas. Esto nos permite interactuar con nuestros seguidores. Por lo tanto, es un arma poderosa para utilizarlo como **herramienta de marketing**. Ahora bien,

¿Cómo publicar encuestas en Instagram? ¿Cuáles son las ventajas de crear encuestas para Instagram? A continuación, te explicaré como puedes valerte de Instagram para potenciar tu negocio o tu cuenta de influencer.

¿Por qué crear encuestas en Instagram? ¿Para qué sirve?

Las encuestas para Instagram son un medio muy interesante para **conocer al público**, no obstante, esa no es la única razón por la que deberías sacarle provecho. A continuación, te detallaré algunas razones para usar esta funcionalidad al igual que usas los filtros.

Logras mayor cercanía con tus seguidores

El Engagement es una técnica que engancha al cliente, a tal grado que desarrolla un vínculo emocional contigo (marca). Gracias a las encuestas puedes mantener mucha interactividad, lo cual permite que nazca ese tipo de afinidad y que, además, el algoritmo de Instagram, te tenga más en cuenta. Si lo que deseas es fidelizar a tus seguidores de Instagram, las encuestas son una gran opción.

Crear encuestas para Instagram te permite conocer a tus potenciales clientes

Si estás dudando en cuanto algún producto o cualquier proyecto, puedes hacer una encuesta, de esta forma sabrás si le interesará al público.

Atrae la atención de tus seguidores con encuestas en Instagram

Las encuestas con preguntas interesantes pueden llamar la atención, eso te da mucha más visibilidad. Además, tienes la ventaja de conocer los gustos generales de tus followers.

¿Cómo crear encuestas para Instagram Stories?

En primer lugar, debes tener la versión actualizada, de lo contrario, no dispondrás de la opción. Ahora bien, si ya tienes la última versión, entonces te explicaré **paso a paso como publicar una encuesta en Instagram**, toma nota:

1. Una vez abierta la aplicación debes dirigirte a la parte superior izquierda. Allí verás un icono con una camarita.
2. Elige un fondo para tu encuesta (puede ser un vídeo)
3. Después presiona el icono en forma de stickers. Dale clic a "encuesta"
4. Escribe tu encuesta y edita las posibles respuestas.
5. Publícalo como normalmente lo haces en Stories.

Este tipo de encuestas solo está disponible por un tiempo limitado, es decir, 24 horas. Puedes ver el desarrollo de la misma abriendo las historias y tocándolas hacia arriba.

Allí verás quienes han participado, pues de hecho estas encuestas no son anónimas, de modo que no solo verás la cantidad de participantes, sino, quien ha elegido alguna opción.

¿Cómo utilizar las encuestas de Instagram como herramienta de marketing?

Todos queremos vender, pero a nadie le gusta que lo asedien con productos. No obstante, Instagram te da la posibilidad de hacer un **estudio del mercado de forma sigilosa**. Los seguidores acostumbran participar sin presión, y eso te ayuda a conocer a tu público, empatizar con ellos, y darles lo que piden.

Pero, ¿cómo puedes hacerlo? A continuación, te hablaré de algunos tips para que **mejores tu engagement con Instagram**.

Encuestas para Instagram con opciones de Si o No

Aunque esta es la respuesta estándar de la App, la verdad es que es muy sencilla y directa. Este tipo de respuesta es muy útil para medir el interés del público. Es decir, puedes implementarla para saber si a tus seguidores le interesaría algún proyecto. Por ejemplo, ¿Te gustaría saber más sobre X producto? Si o No. ¿Te gusta X producto? Si o No.

Conoce las preferencias de tu público con encuestas de Instagram

Ahora bien, si deseas indagar sobre los gustos y preferencias de tus seguidores, las encuestas para Instagram de sí o no, no logrará tu cometido. Por lo tanto, debes cambiar las opciones y dar una que realmente pueda expresar sus intereses. Por ejemplo, ¿Cuánto pagarías por este producto? 20 €, menos de 20 €. ¿Coca-Cola o Pepsi? ¿Qué tamaño prefieres para X producto? Grande o Pequeño.

Haz encuestas en Instagram que sean divertidas

Tal como te he explicado anteriormente, a nadie le gusta que lo asedien con productos para vender, y aunque tu objetivo es conocer la audiencia precisamente para darles algo que buscan, no tienes por qué hacerlo pesado. Por eso, evita que tus encuestas para Instagram se tornen muy serias y aburridas.

Para ello puedes valerte de los Stickers y de los Emojis. Es decir, plantearás tu pregunta, y en vez de una respuesta fría puedes elegir dos Emoji, el cual será la forma de expresar su contestación. Esto las hará entretenidas, además, puedes variar el estilo de encuestas y la temática para que no suenes repetitivo o excesivamente indagador.

Haz que tu audiencia te haga preguntas

El Engagement en Instagram no se da de forma casual. Por tal motivo debes sacar provecho a la situación. En vez de hacer preguntas, puedes invitar a tus seguidores a que te planteen preguntas. Una vez que la respondes, le llegará una notificación, esto sin duda le transmitirá a tu público que sientes interés por él, lo cual aumenta el compromiso, genera Engagement.

Consejos para que tengas éxito con tus encuestas de Instagram

Esta nueva función de Instagram es muy interesante, divertida y poderosa para tener éxito en cualquier proyecto. Para que puedas sacarle todo el potencial, procura no cometer errores, para ello, te daré algunos consejos finales.

- **Evita el fondo blanco:** Aunque es cierto que colocar un fondo de color, imagen e incluso vídeo puede llevar más tiempo de tu parte, se ve más atractivo, e invitará a participar. Por el contrario, si te limitas a plantear una pregunta en un fondo insípido blanco, no obtendrás mucha participación, pues de hecho se ve descuidado. Puedes valerte de una paleta de colores para ayudarte a buscar tu color.
- **Ordena tus ideas:** Parece algo obvio, pero abundan las preguntas sin sentido o poco claras, por eso, procura que tus encuestas para Instagram vayan al grano, sean sencillas y entendibles, por supuesto evita errores ortográficos.
- **Ubica la pregunta en un lugar estratégico:** Aunque la información que deseas recopilar es importante, es vital que no entorpezca la imagen de fondo, especialmente si deseas resaltar alguna característica de ella. Por lo tanto, observa bien la imagen y el lugar en el que publicarás la pregunta en cuestión.

Tenemos que ir al ritmo del mundo comercial, por eso, es necesario utilizar las herramientas de forma adecuada. Pues tu público objetivo se encuentra en las redes sociales.

¿Cómo programar publicaciones en Instagram?

¿Programar contenido en Instagram? Instagram es una de las redes sociales que cuenta con más potencial en estos momentos, debido a que recibe un tráfico de usuarios que va en aumento y que posibilita su imparable crecimiento.

Por este motivo, los que somos profesionales del marketing nos vemos obligados a tener que realizar publicaciones de manera frecuente para alimentar nuestra estrategia de contenidos, potenciar nuestra marca en los diferentes canales digitales y mejorar nuestra reputación online.

Planificar las actualizaciones de nuestros perfiles adquiere una gran importancia, por eso en esta entrada os vamos a hablar de algunas herramientas que sirven para la **gestión de cuentas de Instagram**.

Siempre estamos en la búsqueda de optimizar las gestiones que realizamos a diario, con el propósito de hacerlo más ameno y disponer de mayor tiempo libre. **Programar publicaciones en Instagram** es una de esas tareas que si conseguimos optimizar, nos hará tener tiempo libre para crear otras estrategias que nos hagan tener más seguidores.

En el caso particular de la red social Instagram, puedes apoyarte en **herramientas de servicios externos** para programar publicaciones, logrando una correcta automatización. Y aunque existe una gran variedad de ellos, tus mejores opciones serán las que ofrezcan publicar, sin necesidad de confirmaciones finales.

¿Cómo programar en Instagram una publicación?

Programar en Instagram es muy necesario para mejorar los datos estadísticos de nuestras actualizaciones. Llegaremos a un público más amplio si nos tomamos la molestia de preparar nuestros contenidos para que sean publicados en las horas clave a las que podemos obtener una mejor respuesta de nuestros usuarios.

Además, nos resultará muy útil para optimizar nuestro tiempo, puesto que si utilizamos los diferentes **programas de gestión de cuentas** de los que os vamos a hablar a continuación, tendremos la posibilidad de **programar en Instagram** incluso a meses vista, de manera que disfrutaremos de más tiempo para dedicarlo a la elaboración de esas publicaciones y dotarlas de más calidad.

La Interfaz de Programación de Aplicaciones de Instagram (API) no facilita la tarea de publicar contenidos desde otras herramientas, de ahí que nunca vayamos a poder encontrar soluciones al 100 por 100 resolutivas para satisfacer nuestras necesidades, como sí existen en otras redes sociales.

Programar en Instagram y, al mismo tiempo, gestionar nuestros perfiles y obtener datos analíticos completos sobre ellos resulta complicado.

Pero, no obstante, existen diferentes aplicaciones móviles y plataformas que nos pueden ayudar mucho a planificar la publicación de nuestros contenidos, agilizando la **gestión de cuentas de Instagram** que tenemos bajo nuestro dominio durante el día a día y pudiendo incluso sacar en claro datos estadísticos de gran utilidad para mejorar nuestras publicaciones.

¿Por qué acudir a servicios externos al programar publicaciones en Instagram?

Programar contenido en Instagram no es tarea sencilla. La razón deriva en que los programadores de la aplicación han sido un tanto agresivos con su API, no permitiendo realizar la tan deseada tarea de forma nativa y restringiendo la intervención de terceros para lograr ese cometido.

Comúnmente, encontrarás servicios que te permitirán programar hasta cierto punto tus publicaciones, pero necesitarán de tu confirmación para culminar el proceso. Aunque estos métodos agilizan un tanto el trabajo, no son de mucha utilidad si por alguna razón se te imposibilita realizar esa aprobación.

Es en este punto donde cobra verdadero valor aquellas herramientas que se valen de trucos de Instagram para poder publicar, evitando la molestia de hacer esa última comprobación.

Herramientas para programar publicaciones en Instagram

Haremos un pequeño recorrido de las mejores aplicaciones para **programar publicaciones en Instagram gratis** y otras que son para programar de forma Premium.

SocialGest

SocialGest para Instagram es una de las mejores aplicaciones gratuitas para automatizar tus contenidos de forma directa. Solo debes darte de alta en su servidor creando una cuenta y sincronizar el perfil de tu Instagram.

Su interfaz es muy intuitiva, con el icono de añadir será muy sencillo la afiliación de tu cuenta. Define la fecha y hora de la publicación en el que desees postear y aprovecha las sugerencias recibidas de la aplicación para saber cuál es el mejor momento para publicar.

También podrás **programar historias en Instagram.** Recuerda configurar el material multimedia a una relación de aspecto de 9:16.

OnlyPult

Por medio de OnlyPult podrás **programar publicaciones Instagram desde el PC en pocos minutos**. Esta aplicación fue diseñada para aquellos impulsores empresariales y profesionales que utilicen multicuentas, lo que permite mayor comodidad de gestión.

Explora todo su potencial en sus primeros 7 días de prueba. Entre sus ventajas tenemos:

- Edición y filtro para fotos
- Visualizar calendario de publicaciones
- Reportes de analítica
- Programar historias para Instagram
- Asignar accesos para publicar desde varias cuentas

Sked Social (antiguo Schedugram)

Herramienta muy popular para **programar post en Instagram.** Es muy versátil para ser utilizada con varias cuentas y la función de multiprogramación.

Su interfaz es muy ligera por estar dedicada exclusivamente a la red social Instagram. Te permite **planear el contenido** en el Feed antes de publicar y cuenta con su propio editor de imágenes. Publica en Instagram desde Dropbox o desde el PC.

Como desventaja, es una aplicación que ofrece solo 7 días de prueba. Pero es tiempo suficiente para ver si vale la pena pagar por sus servicios.

Hootsuite

Hootsuite te permitirá programar **publicaciones en múltiples redes sociales,** incluyendo, obviamente, Instagram. Aunque te ofrece la ventaja de gestionar hasta 3 cuentas desde su versión gratuita, tiene la desventaja en la necesidad de recibir tu confirmación para publicar.

Podrás realizar tu programación desde el Smartphone u ordenador. No corres riesgo de baneo en tus cuentas, porque Hootsuite es una **aplicación oficial** para programar publicaciones de Instagram.

También dispone de un registro analítico y reporte de estadísticas que son sumamente útiles al momento de decidir el tipo de contenido a postear.

Wiselit

Herramienta que marca una gran diferencia con respecto a la demás, por ser una **app para programar publicaciones en Instagram** completamente desarrollada para dispositivos móviles. Lo que más destaca es su sencillez al momento de gestionar las publicaciones.

Prepara la foto con sus herramientas de edición, aplica los filtros deseados, programa la fecha de su publicación y listo.

La **edición gratuita** te deja realizar una publicación por día, pero si optas por la cuenta Premium, gozarás de todo su esplendor.

Facebook Creator Studio

Programar **Instagram desde Facebook** se ha vuelto una realidad gracias a una nueva función que te permitirá realizar tus publicaciones de forma nativa, aunque deberás contar con ciertos requisitos necesarios.

Al iniciar la sesión de Facebook Creator Studio por medio de tu cuenta Facebook, te permitirá la vinculación de tu cuenta Instagram (perfil empresarial). Eso sí, deberás asignar los permisos a Facebook para que tenga el acceso a tu cuenta.

Para efectos de mayor seguridad, puedes cambiar la configuración de privacidad para limitar el acceso de los administradores de Facebook a tu cuenta Instagram.

Later

Finalmente, te presento esta **aplicación gratuita para programar publicaciones en Instagram**. Con ella tendrás posibilidad de postear contenidos fácilmente desde tu ordenador o dispositivo móvil.

La versión gratuita ofrece la funcionalidad de publicar en **modo carrusel**. Si te decantas por la versión Premium, también podrás programar historias y vídeos. Maqueta tu Feed desde la propia aplicación y publica de forma automática.

Otras aplicaciones interesantes

Later y Schedugram son las dos plataformas que nos han aportado mejores experiencias en la **gestión de cuentas de Instagram**, pero hay muchas más que pueden resultar muy interesantes. Por eso os vamos a brindar una selección de algunas que también os resultarán muy útiles, tales como:

1. Planoly
2. Publish On
3. GRAMBLR
4. Postcron
5. Bloongo
6. Crowdfire

7. Socialgest
8. WISEL.IT
9. Onlypult

¿Cómo publicar en Instagram a través de Hootsuite?

Ahora puedes programar contenidos con Hootsuite, ya que es una potente plataforma para gestionar redes sociales y realizar publicaciones sin necesidad de utilizar el teléfono móvil para ello.

Para la **gestión de cuentas de Instagram** con esta herramienta basta con que generemos una nueva columna en uno de nuestros dashboard, donde añadiremos esta red social.

Una vez que hayamos pulsado en la opción de conectar con Instagram, lo siguiente será **permitir a Hootsuite el acceso a nuestros perfiles**. Para completar la configuración tendremos que hacer clic en el botón 'Setup publishing now', donde debemos introducir un número de teléfono, que ha de ser aquel en el que tenemos instalada la app.

Después deberemos habilitar las notificaciones en la aplicación para esta red social, y ya estará todo preparado para empezar a trabajar con esta herramienta.

La **gestión de cuentas de Instagram** con Hootsuite nos resultará bastante cómoda, ya que podremos programar en Instagram y publicar post sin ninguna dificultad. Tendremos la posibilidad, además, de monitorear aquello que se dice de nuestra marca en la red, así como los datos de nuestros competidores.

Y desde su panel de control nos será más fácil interactuar con nuestros usuarios y responder a los comentarios de nuestras publicaciones.

¿Cómo puedo actualizar Instagram?

Desde el lanzamiento de la red social Instagram el 6 de octubre de 2010 y creada por Kevin Systrom y Mike Krieger, la popularidad de esta no ha dejado de aumentar, llegando a tener más de 100 millones de usuarios activos en abril de 2012. En septiembre de 2020, Instagram tiene más de 365 millones de seguidores. Por eso, hoy día es considerada una de las redes **más utilizadas a nivel mundial**. ¿Cómo puedes actualizar Instagram?

Una de las cosas que ha contribuido mucho a dicho aumento han sido sus constantes actualizaciones, entre ellas, subir fotos a Instagram desde tu ordenador PC o Mac. Estas se van innovando cada día para satisfacer las necesidades de los usuarios y para que estos desarrollen todas sus actividades sin inconveniente alguno.

¿Por qué actualizar tu Instagram?

Muchos aseguran que esta red se ha convertido en una **parte esencial de sus vidas**, pues les fascina que esta plataforma les permita dar a conocer su vida y personalidad mediante sus fotos y vídeos. También pueden entretenerse con las publicaciones de otras personas e incluso les ayuda a impulsar un negocio o proyecto o **descargando los propios Stories de Instagram**.

Cada nueva versión, **Instagram** aporta mayores ventajas al momento de hacer una publicación, pues le da más originalidad, da mayor rapidez para subir archivos y realizar descargas de Stories.

Además, se pueden aprovechar **los filtros recientes**, los cuales tienen efectos como el **superzoom** u otros con **colores** muy llamativos. Todo esto muestra la importancia de actualizar Instagram lo antes posible.

Listado de actualizaciones de Instagram

En los últimos años, la plataforma de la red social **Instagram ha recibido numerosas actualizaciones**, las cuales les han dado a todos los usuarios una experiencia increíble. A continuación, verás una descripción de algunos cambios que han traído consigo las nuevas versiones:

- **Versión 53.0:** Esta resulto una de las versiones más deseadas, debido a que permitía realizar videollamadas y también incluyo notables mejoras para la realización de los vídeos.
- **Versión 59.0:** Entre las maravillosas funcionalidades que se agregaron en esta versión, se encuentra el botón silenciador para notificaciones, un recordatorio para no abusar de un tiempo límite en esta red y la sección llamada "Tu actividad", donde puedes ver cualquier información referente a lo que has hecho en la plataforma. **Versión 64.0:** Esta versión comenzó a emplear los GIF de modo directo por mensajería, lo cual resultó muy agradable para la mayoría de los usuarios, pues estos convertían sus conversaciones en una experiencia fantástica. **Versión 66.0:** En esta versión se introdujo lo que se conoce como Tarjeta de identificación, **esta facilita encontrar amigos seguros en la red**. Contiene un código de barras, que aporta información del perfil de cualquier usuario y puede ser revisada antes

de que comiences a seguirlo. Este código se escanea con la cámara de un dispositivo móvil.
- **Versión 69.0:** Con esta maravillosa versión comenzó a emplearse Instagram Direct, la cual consta de un videochat con la capacidad de que hasta 6 personas puedan participar.
- **Versión 75.0:** Esta increíble versión incluyó entre sus novedades la mensajería de voz, el listado de amigos cercanos y aportó una gran mejoría en el apartado de accesibilidad.

¿Cómo actualizar Instagram desde un dispositivo Android?

Si necesitas disfrutar cuanto antes de las nuevas actualizaciones que ofrece Instagram para Android, te alegrará saber que **este proceso no es para nada complicado**. Solo tendrás que seguir los pasos que se mostrarán a continuación:

- Accede a Play Store y presiona el botón de 3 líneas horizontales

- Aparecerá el menú de opciones, allí debes escoger la opción "Mis App y juegos"
- En la barra de búsqueda coloca "Instagram" y selecciona el icono de esta
- Luego tendrás que desinstalar la aplicación
- Ahora presiona la opción "Actualizar", en caso de que haya una actualización disponible, esta te brindará la última versión

Si no tienes la aplicación instalada tendrás que presionar el botón "Instalar" y si ya la tienes debes seleccionar la opción "Abrir". Pero es importante destacar que cuando descargas la **aplicación "Instagram Alpha Program", tienes más ventajas** para disfrutar de una nueva versión.

¿Cómo actualizar Instagram en iPhone?

Inicialmente, Instagram fue creada para ser usada con dispositivos móviles iPhone, razón por la cual **esta ha resultado mucho más sencilla de instalar**. Para saber cómo actualizar Instagram en iPhone debes seguir las siguientes instrucciones:

- Abre la tienda de "App Store"
- Haz clic sobre "Actualizaciones". Allí se te indicará si existen actualizaciones disponibles mediante un círculo rojo
- Ahora debes ubicar el icono de Instagram
- En caso de que no tengas la última versión de esta red, tendrás que pulsar en la opción "Actualizar"
- Inmediatamente, la aplicación comenzará su proceso de actualización para que puedas disfrutar de las nuevas funcionalidades

Cuando ya tengas la nueva versión instalada solo te quedará pulsar en la opción "Abrir". Otra práctica manera para a verificar si existen actualizaciones es accediendo a la ventana "Updates".

¿Cómo actualizar Instagram desde un dispositivo iOS?

Es increíble saber lo fácil y rápido que es **actualizar tu cuenta Instagram con un dispositivo iOS**. Por eso si estás deseando hacerlo, ¡no lo pienses más!, aquí te diré como puedes lograrlo.

- En primer lugar, debes dirigirte a la aplicación "App Store"
- Ahora presiona sobre la opción "Actualizaciones", que está representada con un círculo en color rojo. Este se encuentra en la parte final de la pantalla al lado derecho. Con este podrás visualizar si existe una nueva versión de **esta red social**
- En caso de que haya salido al público una nueva actualización, pulsa sobre la opción "Actualizar" y finalmente espera unos minutos hasta que termine la instalación
- Puedes ver el proceso de actualización en el icono que se encuentra en la página de Instagram

También puedes activar una actualización automática con este tipo de dispositivo dirigiéndote a la aplicación "Ajustes", seleccionando la herramienta "iTunes y App Store" y activando las actualizaciones.

¿Cómo actualizar Instagram desde Windows Phone?

Para lograr actualizar Instagram desde un dispositivo con este sistema operativo, debes seguir estos sencillos pasos:

- Dirígete a la tienda de Windows, es decir, a "Microsoft Store"
- Escribe Instagram en el buscador y te aparecerá el icono
- En caso de que exista una versión reciente, te aparecerá al lado del icono la opción "Actualizar", en este caso debes pulsar sobre ella y listo
- Solo te quedará esperar unos minutos para que se pueda descargar Instagram y se instale de forma automática

Es **poco probable que tu equipo Windows Phone asimile** bien este cambio, por lo tanto, será necesario que reinicies el dispositivo.

En conclusión

Es posible que tu actualización de Instagram, contenga algunos errores. Si es así, no te preocupes, la solución a este problema puede ser sencillamente desinstalar y reinstalar la aplicación. Pero si continúa el error tendrás que buscar un programa de Instagram que te resuelva este tipo de inconvenientes.

Si lo que estás buscando es actualizar Instagram gratis, lamentamos decirte que ninguno de estos métodos lo son. Pero te podemos recomendar que cuando vayas a realizar el proceso de actualización de Instagram **es mejor que utilices una red de Wifi**, pues de lo contrario solo lograrás que tus datos se consuman rápidamente.

¿Cómo saber quién visita mi perfil de Instagram?

Seguramente te has esforzado mucho por mantener tus redes sociales muy activas, con contenidos atractivos y de interés público, con la clara intención de recibir cada día más seguidores. El lógico y razonable que desees estar enterado de **quienes visitan tus publicaciones de Instagram**.

No importa si eres un influencer, microempresario o formas parte de una empresa que utiliza cuentas Instagram como estrategia de marketing. El poder conocer cuántos y quiénes visitan tu perfil o publicaciones de Instagram te abre un mundo de posibilidades.

Pero antes que comiences a dar saltos de alegría, debes saber que **hasta el momento no existe una manera directa lograr este objetivo**. Seguro encontrarás muchos que te dirán que mediante sus aplicaciones podrás lograrlo, pero confiar ingenuamente en estas personas te arriesga a ser una víctima de una estafa. No hay forma 100% real de como saber quien mira mi Instagram, pero vamos a ver opciones.

¿Es realmente imposible saber quién visita mi Instagram?

No me gusta usar la palabra imposible, pues con las políticas tan cambiantes de las redes sociales, nunca se sabe cuándo realizan un cambio y añadan una función que permita monitorear quién te visita.

Además, puede decirse que las funciones "me gusta" o "likes" y comentarios son una manera de saber; al menos por voluntad del seguidor, que ha visto tu publicación. De todas formas, se puede hacer uso de un último recurso muy interesante que te permitirá saber la actividad de tus seguidores dentro de tu perfil, pero hablaremos de esto más adelante.

Existe la **intensa curiosidad muy generalizada** de saber quién visita mi Instagram, y sobre la base de esta necesidad, muchos se han aprovechado para ofrecer aplicaciones que "supuestamente" aseguran realizar el tan ansiado sueño.

Pero no solo es engañado quien acude a estas apps, sino que se exponen a ser bombardeados con spam de publicidad, sufrir la contaminación de virus, troyanos y malware en sus dispositivos o incluso ser objetos de **plagio de identidad.**

Aplicaciones para descubrir quién visita mi Instagram

Hasta el momento, todas y cada una de las aplicaciones que se promocionan como la solución definitiva para descubrir quién visita tu cuenta Instagram son una **vil estafa**.

No te fíes si te llegan a aparecer en el Google Play o la tienda de Apple, recuerda que incluso dentro del market place **a veces tardan un poco en detectar estas Apps basura**.

Por otro lado, existen ciertas aplicaciones que, si bien no realizan acciones perjudiciales a tus dispositivos o cuenta, si te muestran datos de personas que supuestamente han visitado tu perfil.

Pero nuevamente es un engaño, lo más probable es que te muestres personas con las que has interactuado recientemente o sencillamente son personas elegidas al azar que se encuentran en la red.

Apps que no funciona para ver quien visita tu perfil de Instagram

Te presento un pequeño listado de Apps que son estafas para ver quién visita tu cuenta Instagram:

- Instadetector
- InstaAgent
- Who cares with me
- InstaCare
- Kazuy
- Qmiran
- SocialView

Esas son algunas, pero seguro hay más. Quiero ser un tanto enfático es los **peligros de sucumbir** a la curiosidad de utilizar cualquier aplicación para ver quién te visita en Instagram.

Piensa en lo desagradable que puede ser que un extraño se apodere de tu cuenta y perjudique tu reputación o tu perfil posteando contenido indecente o agrediendo a tus seguidores. Por otro lado, es posible que tengas que pagar a un técnico especializado en recuperar archivos borrados o incluso sistemas operativos dañados por virus (pon ya un antivirus a tu iPhone o un antivirus a tu Android) implantados gracias a estas aplicaciones. **¿Realmente vale la pena el riesgo?**

Truco para saber quién visita mi Instagram

Desde hace algún tiempo Instagram integró en su aplicación una funcionalidad que está presente en otras redes sociales y te sirve como truco perfecto para saber cuántos y quienes visitan tus publicaciones Instagram.

Publicar en modo "Instagram Stories" seguramente te permitirá saber quién ve tu perfil y revisa tus publicaciones. Es cierto, se eliminan en tan solo 24 horas, pero en definitiva es la manera más segura de identificar tus visitas.

Lo mejor de este método es que de ningún modo dejas rastros del chequeo de quienes te visitan, por lo que no deberás preocuparte por que ellos se sientan acechados y se cohíban de pasar por tu perfil.

¡Claro! Con esto no quiero decir que debes publicar todo mediante historias. Pero si publicas diariamente una historia alusiva a publicaciones que has realizado recientemente, lo más probable es que **quien vea tu historia, también ha visto tus publicaciones.**

Un plus adicional que puede ayudarte a saber quién visita tu Instagram es revisar quienes se han unido recientemente como seguidor, estos seguramente han navegado entre tus post. También puedes apoyarte de los "me gusta" y comentarios como he mencionado anteriormente.

Por último, puedes servirte de las estadísticas. Aunque no conseguirás la identificación exacta de tus visitantes, al menos podrás estar al tanto de la audiencia diaria, lugares de origen, sexo, edades y horas de mayor afluencia. Todos estos turcos combinados te permitirán **saber a un grado aceptable, quién visita tu perfil de Instagram.**

¿Cómo hacer un sorteo en Instagram?

Los sorteos suelen ser una **estrategia muy atractiva** en los medios sociales para captar la atención del público en general. Muy pocos son los que se resisten a participar en esta práctica, que puede reportar un gran beneficio por medio de una pequeña aportación.

Seguramente te interesará aprender a implementar sorteos en Instagram que te permitan alcanzar tus objetivos, mientras le ofreces a tus usuarios esa adrenalina y emoción de ganar, siendo este un entretenimiento agradable.

Concursos o trivias y sorteos en Instagram

Es importante que tengas ciertos conceptos muy bien definidos para evitar cometer errores que afecten tu imagen.

Concursos o trivias

Cuando hablamos de concursos o trivias, nos referimos a ciertas acciones realizadas (preguntas, retos o votos) entre los usuarios participantes, de los cuales se elegirá un ganador a través de un jurado con base en **objetivos logrados.**

Para evitar descontentos o sospechas de favoritismos, procura establecer un sistema de jurado transparente. Si buscas apoyos en influencers, estos te reportarán una mayor promoción de participación.

Sorteos

En el caso de crear un sorteo, los usuarios en general sabrán que se trata de **jugar con la suerte**. Claro está, los participantes tendrán que cumplir ciertos requisitos mínimos planteados por ti para poder participar y por tu parte tendrás que ofrecer garantías de un resultado honesto.

Para poner en marcha la logística del sorteo, puedes hacerte de aplicaciones automáticas para su gestión.

Factores a tener en cuenta para lanzar un sorteo en Instagram

Antes de irte a la primera y armar tu primer sorteo o concurso, te recomiendo iniciar estableciendo ciertos elementos en orden de prioridades, que te garantizarán el éxito y sin sufrir dolores de cabeza.

Objetivo de iniciar un sorteo en Instagram

Las razones para implementar un sorteo pueden ser muy diversas. Pero las más comunes están ligadas a conseguir **logros de metas propuestas en tu cuenta Instagram**, sobre la base del estudio previo de una temática en particular.

Algunas metas pueden ser: captar más seguidores, dar promoción a una marca, incentivar la interacción de publicaciones, proyectar tu perfil, etc.

Inversión para realizar el sorteo en Instagram

Este punto es de suma importancia, ya que se espera que la ganancia obtenida del sorteo supere con creces el dinero y tiempo invertidos en la estrategia.

Deberás decidir si harás uso de **plataformas dedicad**as a ello como Cool Tabs y Easypromos, para gestionar el sorteo por Instagram y si aunado a ello, incluirás paralelamente un aporte de anuncios en Instagram.

Servicios o productos ofrecidos con premios en Instagram

Cuando implementes un concurso o sorteo, te estarás dirigiendo a un público que te sigue por alguna razón en concreto, es decir, debes estar al tanto de los gustos de tus seguidores. Entonces, **el premio debe ir en consonancia con esos gustos.**

Lo más lógico es que los participantes del concurso estén ansiosos de recibir un premio asociado a la temática que los ha enganchado a ti. Por otro lado, la recompensa del sorteo debe **ajustarse a la medida de tus posibilidades, sin dejar de ser original y atractivo.**

No descartes las fechas temáticas del concurso, pues no suena lógico sortear un equipo de nieve en pleno verano.

Encargados de gestionar el sorteo en Instagram

Si vas a delegar esta función, procura asignar esta tarea a un conocedor de la materia para que realice un buen sorteo. **La experiencia evitará los riesgos** de caer en "áreas grises" del concurso, lo que puede acabar en un conflicto.

¿Cómo realizar un sorteo en Instagram?

A continuación, paso a detallar unos **sencillos pasos que te permitirán realizar un sorteo** con la ayuda de una plataforma de asistencia genial Easypromos.

1. Ingresa al portal de Easypromos donde tendrás las aplicaciones para sorteos. Entre las distintas opciones ofrecidas elige la que te interesa, en este caso Instagram.

2. Enlaza tu cuenta Instagram a la aplicación, elije el tipo de sorteo que deseas implementar y selecciona la publicación que le dará promoción.
3. **Configura las restricciones deseadas**, en caso de haberlas. En este apartado puedes definir un tope mínimo de menciones, cantidad de posibles ganadores y la cantidad de suplentes a elegir.

Si una de las restricciones es que deban ser seguidores de tu cuneta, será necesario tu intervención manual para realizar las respectivas comprobaciones.

Finalmente, deberás seleccionar al ganador y proceder con la correspondiente notificación.

Al utilizar la plataforma Easypromos, te permitirá disfrutar del primer sorteo gratuito.

Lograr que el sorteo de Instagram sea todo un éxito

Para que tu sorteo puede tener una proyección llamativa y logre los objetivos planteados, es necesario cumplir con los siguientes requisitos:

- **Promoción del sorteo.** Utiliza los medios de difusión más populares y redes sociales. Activa campañas de marketing y apóyate de influencers.
- **Logística amena y sencilla.** Cuanto más fácil sean los objetivos a cumplir en el caso de concursos, mejor será la captación del público general.
- **Premios dignos y llamativos.** A veces, es bueno no escatimar en gastos y sacrificar un poco el dinero invertido, aunque los beneficios sean palpables a futuro.
- **Reglas del juego transparentes.** Evita las ambigüedades o áreas grises, cuanto más transparente sea el procedimiento, menos caos social crearás.
- **No te limites.** Si ofreces más de una recompensa, los incentivos de ganar se multiplican por 1000.

¿Cuáles son los hashtags más usados en Instagram 2022?

¿Quieres convertirte en el usuario más popular de Instagram? ¿Deseas que todo el mundo comparta tus publicaciones, pero no sabes cómo puedes lograrlo? Los Hashtags serán la clave para conseguirlo.

Pero ¿Cómo puedes buscar los hashtags más usados en Instagram? ¿Cuáles son los más usados? ¿Qué herramientas web pueden ayudarte a encontrar los hashtags más populares en Instagram? Aquí descubrirás la respuesta, pero antes debes saber ¿Qué son los Hashtags?

Los usuarios más populares de Instagram o Influencer, utilizan los Hashtags como estrategia para el éxito de sus publicaciones, pues este sencillo método logra **incrementar su número de seguidores** de manera sorprendente.

¿Cómo puedes crear tus Hashtags?

La utilización de los Hashtags se ha convertido en algo inevitable en todas las redes sociales, especialmente en Instagram, por ello es necesarios saber buscar los hashtags más usados en Instagram. Algunos usuarios los usan para dar vida a sus publicaciones, pero la mayor ventaja que aportan es el aumento del número de seguidores.

Debes tener presente que los Hashtags logran **organizar todos los contenidos publicados** bajo la misma etiqueta, presentándolo públicamente de forma cronológica. Un buen Hashtag debe cumplir con las siguientes características:

- Poseen un símbolo "#" al inicio.
- Deben ser breves y sencillos.
- Incluyen frases fáciles de recordar.
- No deben tener espacios.
- Debe crear expectación en los usuarios.
- Las frases deben estar relacionadas con la publicación.
- No incluyen signos de puntuación.
- No deben ser ofensivos.
- Deben presentar una buena ortografía.

Una vez que tengas en cuenta estas recomendaciones puedes empezar a crear tus Hashtags. Para ello sencillamente debes subir una foto a la red social Instagram y pulsar en la opción "Siguiente". A continuación, podrás empezar a añadir tus Hashtags, empezando cada uno con el símbolo # (puedes emplear 30 hashtag diferentes en una sola publicación), finalmente debes publicar tu contenido y listo.

También resulta efectivo **incluir tus Hashtags en los comentarios** de las fotos. Para ello debes mencionar el Hashtag deseado antes o después de un mensaje. Ejemplo: "#Playa. Pase un día increíble" o "Me encantan estas vacaciones. #Playa".

Aplicando estas sencillas recomendaciones, tu marca ganará más visibilidad, un mayor número de seguidores y si eres un usuario creativo y original, podrás **convertir tu Hashtag en el Trending Topic** del momento.

¿Cuáles son los Hashtags más usados en Instagram?

La mayoría de los usuarios de Instagram, desean saber cuáles son los Hashtags más usados del momento, con el objetivo de utilizarlos y así ganar más popularidad. Si eres uno de ellos, te gustara el listado de **los Hashtags más populares de Instagram** que verás a continuación.

Hashtags más usados en Temas generales en Instagram

1. #me
2. #Smile
3. #Love
4. #Instagood
5. #Beautiful
6. #Photooftheday
7. #Picoftheday
8. #Happy
9. #tbt (throwback thursday)
10. #Like4like
11. #Instalike
12. #cute

Hashtags más usados en Gastronomía en Instagram

1. #instafood
2. #food
3. #vegan
4. #foodie
5. #homemade
6. #foodporn
7. #vegetarian
8. #glutenfree
9. #goodeats
10. #hungry

Hashtags más usados en Viajes en Instagram

1. #travel
2. #vacation
3. #sunsout
4. #tourist
5. #travelbug
6. #honeymoon
7. #traveltuesday
8. #wanderlustwednesday

9. #travelgram
10. #sun

Hashtags más usados en Moda en Instagram

1. #styleinspo
2. #lookgoodfeelgood
3. #whatiwore
4. #ootd (outfit of the day)
5. #shoppingaddict
6. #currentlywearing
7. #beautydoesnthavetobepain
8. #instastyle

Es importante cuidar que el **Hashtag a utilizar tenga relación con la imagen** que deseas subir, pues no tiene ningún sentido usar el Hashtag "#Playa" con una fotografía que contenga un lago, eso solo confundirá a los usuarios.

La clave para tener los mejores Hashtags es desarrollarlos en torno a lo que más le interesa a la audiencia en ese momento.

Si lo que realmente buscas es promocionar tu marca, la estrategia de utilizar el Hashtag más popular no servirá, pues en este caso se requiere de mayor creatividad.

Los Hashtags más usados por marcas y empresas en Instagram deben estar **alineados con su estrategia de marketing** y deben ser originales, pues serán utilizados exclusivamente por dicha marca.

Mejores herramientas para buscar los Hashtags más populares de Instagram

Muchos usuarios de Instagram desean empezar a emplear los hashtags más populares en Instagram en sus publicaciones, pero no están seguros de cuáles usar, pues, saben que aun si se utiliza un Hashtag popular, no estará garantizado el éxito de la publicación.

Afortunadamente, existen diversas herramientas web ideadas especialmente para la **búsqueda y creación de los mejores Hashtags**. En adelante las descubrirás.

Webstagram

Webstagram es un **buscador de Hashtag gratuito**. Este funciona de manera sencilla, solo debes escribir una frase u oración en la barra de búsqueda y hacer clic. Inmediatamente, se te mostrará un listado con los mejores Hashtags relacionados con el tema. También te indica el nombre de los usuarios que utilizan el mismo Hashtag para que puedas establecer lazos de conexión con ellos.

Analisa.io

Esta maravillosa herramienta es ideal para encontrar Hashtags de marcas y empresas. También te permite tener un reporte detallado de tu audiencia. Además, siempre dispondrá para ti **múltiples novedades** para optimizar tu experiencia en el mundo del Hashtag.

Display purposes

La característica más resaltante de Display Purposes es su sencillez, pues con solo escribir el tema de tu preferencia te aportara una gran variedad de Hashtags descritos mediante gráficos para que puedas escoger el más relacionado con tu contenido. **No es necesario pagar por el uso de esta plataforma.**

Talkwalker

Con Talkwalker podrás buscar Hashtags, ver el número de conversaciones en el que un Hashtag ha sido utilizado y ver su **alcance de éxito**. Para utilizar esta herramienta puedes **subscribirte a su versión gratuita**, registrando tus datos. En la activación de la cuenta debes proporcionar correo electrónico y contraseña, de esta manera podrás acceder de forma segura cuando desees.

Hashtags.org

Esta herramienta es ideal para conocer los **Hashtags que están en tendencia**. También te permite realizar la búsqueda de un Hashtag de interés aportándote la información de su uso durante las últimas 24 horas. Los Hashtags se mostrarán organizados de forma global y por sectores.

Hashtraking

Esta sin duda es una de las herramientas más eficaces para la búsqueda de los mejores Hashtags. Realiza un análisis detallado de un determinado Hashtag, aportando datos relevantes como el **número de likes**, comentarios e impresiones.

También te ofrece valiosas recomendaciones sobre lo que debes hacer para lograr el éxito de tu publicación. Aunque **esta herramienta no es gratuita**, es utilizada por muchos usuarios de Instagram.

También tienes a tu disposición del buscador de Instagram para encontrar los Hashtags más usados, recordando siempre la importancia de hacer una buena combinación entre los Hashtags la publicación. Si utilizas con confianza cualquiera de estas herramientas, verás que en poco tiempo tu marca alcanzara el éxito deseado.

Cómo personalizar los Highlights de Instagram

Las historias destacadas o Highlights de Instagram han sido **un recurso que algunas marcas han utilizado a su favor.** No obstante, este campo tiene un potencial increíble para mantener las líneas de comunicación con los clientes, y, aun así, algunos no saben cómo explotarla.

Por ejemplo, una técnica eficaz es anticiparse a posibles preguntas de los seguidores y dejarlas en este apartado. Pero, ¿Cómo hacerlo de forma atractiva? A continuación, te explicaré como personalizar los Highlights de Instagram y explotar este recurso valioso de esta red social.

¿Qué son los Highlights Instagram?

Las historias destacadas de Instagram o Highlights, son un recurso valioso para comunicar mediante **fotografía** algún evento, tener contacto con tu audiencia, etc. De hecho, su función es similar a los estados de

WhatsApp. No obstante, cuando decides "destacar una historia" la estás dejando a **disposición de tus seguidores más de 24 horas.** De modo que de alguna forma puede convertirse en una carta de presentación para tu marca.

Es necesario que la portada de tus historias destacadas cuente con una coherencia. Esto te aportará una imagen más profesional y atractiva.

¿Cómo personalizar los Highlights de Instagram?

Este apartado permite que los seguidores puedan conseguir información relevante en el menor tiempo posible. De allí que es necesario ordenarlos debidamente y colocar nombres o etiquetas que permitan una navegación óptima. A continuación, te daré **algunos consejos para que destaques tu marca con Instagram.**

Mantén uniformidad

Al colocar los Highlights en Instagram debes hacer que todo tenga relación. Por ejemplo, ¿has visto a un mismo equipo de fútbol con diferentes colores? En caso de haberlo visto, de seguro te produjo confusión, y por supuesto no era un equipo profesional. De forma similar, al colocar las historias, debes **compartir un diseño similar**. Esto da **profesionalidad** a tu marca o perfil.

Algunos utilizan el mismo color de fondo, tipografía, etc., en cada historia. Para lograr este efecto **puedes recurrir a otras aplicaciones**, una de las más usadas es Canva. Lo mejor de todo es que se puede usar sin necesidad de instalarlo en el ordenador. Es importante destacar que la misma red social Instagram te ofrece una gran variedad de opciones de diseño, puedes navegar por todo el lugar y valerte de ella para el diseño de tus historias destacadas.

Decide cual es el objetivo de tus Highlights

Tal como te he explicado anteriormente, este tipo de historias destacadas o Highlights, permanecen más de 24 horas y te las puedes descargar. De hecho, su duración puede ser indefinida, de modo que puede ser tu carta de presentación. Por tal motivo, debes decidir qué tipo de información colocarás.

Por ejemplo, algunos deciden anticiparse a las **preguntas de sus seguidores**, de modo que utilizan este apartado **con una buena edición de imágenes para dar asesoría.** Esto permite que los usuarios puedan obtener información inmediata y se sientan bien atendidos en el menor tiempo posible. Otros usuarios de la red social, lo utilizan para **promocionar algunos concursos, eventos**, etc.

Dependiendo de tu marca debes decidir que enfoque deseas darle a este apartado. Puedes variar en cuanto a diferentes categorías, pero recuerda que debe ser una sección de fácil navegación, de modo que no es recomendable colocar interminables listados de historias Instagram.

¿Cómo aprovechar la sección de historias destacadas Instagram?

Es el momento de darle brillo a tu perfil. Debes saber que es necesario que mantengas una línea de conversación abierta con tus seguidores. Por lo tanto, puedes **utilizar este apartado para varios objetivos,** si eres dedicado, de seguro tu perfil se verá muy profesional.

Promueve hashtags de tus eventos

Este apartado es muy útil para potenciar algún evento que estés gestionando. Los **hashtags vuelven cualquier campaña o concurso en toda una novedad**. Habitualmente vemos en programas televisivos que usan las famosas etiquetas para darse promoción. De modo que puedes hacer lo mismo.

Si cuentas con un amplio contenido generado por tus seguidores, puedes dar de qué hablar si a tus historias le colocas un "#". Puedes, incluso reunir las participaciones de tus seguidores y darlas a conocer a todo el público. Es una excelente forma de enorgullecerte de tu audiencia y forjar un lazo con ellos.

Promociona tus productos

Aunque evidentemente quienes te siguen saben tu razón social. La verdad es que, si compartes una gran variedad de contenidos, productos, etc., tus seguidores pueden perderse en ese basto mar de contenido. Por tal motivo, este apartado te da la oportunidad de ofrecer **información específica de lo que vendes** de manera organizada. De esta forma los consumidores pueden aprovecharse de todas tus innovaciones.

Procura que los productos que estén en esta sección sean los más innovadores o nuevos, de esta forma tus seguidores estarán al día con lo que ofreces.

También, puedes colocar en cada historia un tipo de productos específicos, es decir, en vez de mezclarlos, pudieras colocar un especial de un producto en una sola historia, y en otro Highlights colocar detalles de otro producto.

Responde las preguntas de tus seguidores

Utilizar esta sección para dar guía y dirección a tus seguidores es una excelente idea. Sabemos que en el perfil ellos pueden hallar una gran diversidad de contenido de interés. Sin embargo, a veces surgen dudas en cuanto algún evento, producto, etc.

Puedes estar al día con las **preguntas más frecuentes** y colocar una respuesta en este apartado. También, puedes anticiparte a cualquier duda, esto permite que el consumidor sienta un lazo estrecho con tu marca. Pues de esta manera le demuestras verdadero interés.

Otra ventaja que supone utilizar esta sección para responder dudas, es que haces que tu perfil de Instagram sea más organizado. Es decir, si acostumbras aclarar algunos puntos en esta sección tus seguidores acudirán en este apartado cada vez que tengan dudas, de modo que la estancia en tu perfil será mayor, pues **no se sentirán abrumados o confundidos.**

Impulsa la credibilidad

Otra función ideal para tus historias permanentes de Instagram, es colocar comentarios de los consumidores. Esto le aportará un toque de credibilidad a tu marca. Además, que **enaltecerás a tus seguidores** por el hecho de que lo has destacado como un consumidor estrella.

Da ideas e información curiosa

Algunas marcas aprovechan este apartado para dar información curiosa respecto a sus productos. Quizás te sea útil mencionar algunos trucos de gran interés. Dependiendo de la razón social de tu cuenta Instagram, puedes implementar algunas ideas que le aporten valor a tus contenidos, productos, etc.

También puedes describir la **forma correcta de utilizar algún producto de tu marca**. A veces los consumidores se quejan de que lo que han adquirido no es lo que esperan y en muchas ocasiones esta queja se debe al sencillo hecho, de que no han sabido utilizarlo. Por tal motivo, es de gran ayuda que ofrece asesoría en esta sección. Esta guía puede ser interactiva y expuesta como un dato curioso.

Detrás de cámara

Mostrar el lado más humano de ti es sensacional. De hecho, algunos empresarios muestran el proceso de elaboración de algún producto y así permiten que los consumidores se sientan enlazado con su razón social.

Los famosos acostumbran mostrarse en **proceso de grabación, sin maquillaje**, compartiendo con amigos en casa, etc. Estas son excelentes ideas para que logres que tus seguidores se sientan identificados contigo.

¿Cómo editar los Highlights Instagram?

Si después de un tiempo deseas editar alguna de tus historias, debes saber que hacerlo es muy sencillo, te lo explicaré paso a paso:

En primer lugar, debes **ubicar la imagen** que deseas editar. Pulsa sobre ella. En la parte de inferior izquierda aparece una opción que dice **"Más"**. Debes seleccionarlo, acto seguido te aparecerá dos opciones: editar historia destacada, eliminar de las historias destacadas. Seleccionarás la primera opción.

Es importante destacar que al darle editar puedes eliminar la imagen de la historia e incluso puedes añadir una nueva. De hecho, se abrirá el panel de edición nuevamente.

Después de hacer la edición de tu preferencia debes darle donde dice **"listo"** de esta forma la historia estará totalmente editada y tus seguidores tendrán acceso a la modificación que acabas de realizar.

Ventajas y desventajas de Instagram para empresas e Influencers

En la actualidad, una de las redes sociales que más presencia e importancia ha tomado en nuestra sociedad es la de **Instagram**, desde su lanzamiento oficial en el mes de octubre del año 2010, el mérito por la creación de esta comunidad en línea se le puede otorgar a dos personas.

Estas son Mike Krieger y Kevin Systrom que, gracias a su actuación, hoy en día posemos contar con esta red social que nos permite compartir de forma fácil imágenes, fotografías, vídeos y GIF de casi cualquier tema con el resto de las personas del planeta.

La red social Instagram cuenta con dos métodos para entrar, el primero es a través de su página web oficial y el segundo es su aplicación que resulta compatible con dispositivos que funcionan mediante sistemas Android o iOS.

Esta última ha ganado una enorme popularidad llegando a obtener **más de cincuenta y ocho millones quinientas mil descargas en la Play Store** de todas partes del mundo, los usuarios que hacen uso de la misma han compartido muchas opiniones positivas, haciendo que esta tenga una calificación muy alta.

Pros y contras de Instagram

¿Te has preguntado que cosas positivas y negativas de Instagram tienes que tener en cuenta? Dado que en estos instantes todavía hay gente que no tiene una **cuenta de Instagram** y está en un momento de duda en donde aún se está planteando si se la debería crear o, por el contrario, no debería hacerlo, aquí te contaré todas las ventajas y desventajas de Instagram. Ya te adelanto que **los aspectos positivos de Instagram son mayores** y de mayor peso.

Te voy a contar todos los pros y contras para que crees tu cuenta y te incorpores a la **comunidad de Instagram**. Junto a algunas características que varios usuarios han nombrado como molestas y que de cierta forma arruinan la experiencia, estas son las siguientes:

Es gratuita

Una de las ventajas de Instagram que obtienen más atención por parte de las personas en el momento en que se busca una aplicación relacionada con la fotografía o con la creación de vídeos es el tema del gasto económico que esta puede representar para la persona.

Sin embargo, la aplicación de **Instagram es accesible para toda persona que cuente con un dispositivo inteligente con la Play Store de los sistemas Android y iOS**, es por ello que se mencionó con anterioridad que esta ha obtenido tan elevado número de descargas alrededor del mundo.

Tiene muchas opciones de edición

Otro punto en el cual destaca la **aplicación de Instagram** es que permite realizar la edición de las fotografías realizadas con ella y que esta misma cuenta con muchas opciones para satisfacer las necesidades de los usuarios como las encuestas y al mismo tiempo sirven para que las personas desarrollen su creatividad con los filtros que vienen por defecto.

Muchas personas comparten una opinión positiva en cuanto a Instagram debido a que, esta le permite retocar las imágenes antes de ser publicadas y que puedan ser vistas por el resto de la gente que pertenece a la comunidad.

Es fácil de manejar

Una de las características más destacadas por los usuarios de la comunidad que es Instagram es que su aplicación es fácil de manejar por la mayoría de las personas, es de este modo que como no representa ninguna dificultad en su uso, puede llegar a mucha más gente.

En el caso de no ser muy intuitivo (*lo que puede pasar y nadie debería sentirse mal por ello*) la aplicación cuenta con instrucciones claras y fáciles de comprender, así como la forma en la que se puede subir una publicación o comentarla.

Puedes bloquear a otras cuentas

Otro de los puntos más agradecidos por la comunidad de Instagram es la capacidad, a diferencia de otras páginas web, de poder bloquear a otros usuarios, **el número de bloqueos que una persona puede realizar es ilimitado,** así que en el caso de que otro usuario parezca ofensivo o simplemente ya no se desea recibir más información de él se puede bloquear y toda publicación relacionada a su cuenta no llegará a su objetivo.

Principales desventajas de Instagram

Edición sin dispositivo

Una de las mayores desventajas que se presentan en la página web de Instagram es que, a diferencia de su aplicación para dispositivos móviles, no cuenta con ningún tipo de editor de imágenes en su versión web.

Esto hace que una gran cantidad de usuarios considere que Instagram debería realizar cambios en su sistema debido a que, el editor con el que cuenta la aplicación es bastante práctico y útil y no tener acceso a él en el caso de no tener un dispositivo Smartphone es algo que le resulta bastante negativo y de cierta forma arruina la experiencia.

Falta de privacidad

Otro de los problemas más grande por el que se ha quejado la comunidad es que los usuarios no tienen la capacidad de establecer a qué personas se les puede mostrar las imágenes y a cuáles no.

Otro problema relacionado con la privacidad es que todos los movimientos realizados por el usuario pueden ser observados de forma pública como los me gusta dados y otras acciones.

También relacionado con el tema de la privacidad de **la red social conocida por el nombre de Instagram,** es que en el caso de que no se tenga una cuenta establecida como un "perfil privado" otros usuarios pueden plagiar o robar las fotos publicadas de la cuenta en cuestión y darlas a cambio de una retribución económica.

Falta de organización

Los problemas relacionados con la organización de la red social de Instagram son de los más comentados por los usuarios y hasta este momento aún no se ha realizado ningún cambio que los solucione.

El problema surge de la raíz de que el usuario no cuenta con ningún tipo de control en lo que respecta a organizar las imágenes y los vídeos que se encuentran en su cuenta mediante el uso de categorías, muchos usuarios aunque fieles a Instagram no han podido ignorar que este ciertamente es un problema grave que aleja a muchas personas.

Ventajas y desventajas de Instagram para empresas

Instagram también ha obtenido una gran relevancia en el aspecto empresarial y comercial, es por esto que vamos a ver las características que resultan beneficiosas para las empresas que hacen uso de Instagram y las cualidades que son negativas para estos mismos usuarios:

Ventajas de Instagram para las marcas y empresas

El contenido es visual

Se ha comprobado en repetidas ocasiones que un anuncio del que se pueda obtener la información a través de unas pocas imágenes es de una mayor efectividad que cualquier otro tipo de anuncio.

Además, la red social conocida como Instagram puede ser de mucha utilidad dado que en ella se pueden subir vídeos publicitarios cortos que son más prácticos para que lleguen a un número mayor de personas.

Llega al público joven

Otro de los aspectos de Instagram que tienen un beneficio para las empresas es que la mayor parte de su comunidad es un público que ronda la edad joven, sobre todos los **conocidos como millennial**.

Es por esto que cualquier producto, servicio o aplicación dirigidos en un principio para este tipo de personas debería contar con por lo menos un anuncio en esta página, de esta forma el público tendrá noción de lo que se ofrece y se planteará el hecho de comprarlo.

Desventajas de Instagram para empresas y marcas

Público cambiante

Uno de los mayores riesgos de usar Instagram en el aspecto publicitario es que los gustos de las personas que se encuentran es esta comunidad está en un constante cambio y resulta un problema el hecho de seguir el ritmo de las tendencias y siempre estar al tanto de los nuevos temas de moda entre los jóvenes que hacen uso de esta red social.

Es por ello que, si se opta por realizar un anuncio por esta vía de comunicación, se haga con anterioridad un estudio de lo que es de mayor interés en la actualidad para utilizarlo en el marketing.

En el PC no es lo mismo

Para las empresas, una de las mayores características negativas que tiene la red social es que la versión que tiene para los ordenadores tiene opciones muy limitadas, como ya se ha mencionado antes.

Es por esto que la mayor parte de los usuarios de esta comunidad online hacen tanta insistencia en que resulta más efectivo utilizar la aplicación que es compatible con dispositivos móviles que funcionen mediante sistemas Android o a través de sistemas de iOS.

Ideas para Instagram Stories

Las Stories de Instagram es uno de los pilares más fuertes de esta red social. Aunque en un inicio se usó ampliamente para contar historias personales, en muy poco tiempo **se ha convertido en un medio de información y promoción de productos o servicios.** ¡Sí! Las Stories se han convertido en una excelente herramienta de marketing digital y en este post vamos a ver Ideas para Instagram Stories.

¿Cómo hacer historias en **Instagram** que enganchen? Compartiré algunas ideas para que puedas ganar visibilidad en este mar de fieras.

Las mejores ideas para Instagram Stories

Aprovecha las encuestas

Actualmente ha aumentado la cantidad de usuarios en las redes sociales, por eso es importante que mantengas una **conexión especial con tus seguidores.** En este sentido, involucra en algunas stories a tu audiencia.

Puedes hacer test que permitan que tus seguidores participen. Claro, debes ser ingenioso porque la pregunta participativa debe estar relacionado con tu marca. **Puedes preguntar qué les gustaría ver en tu blog,** de este modo garantizas que tu contenido sea justo lo que ellos están esperando.

Las respuestas de tus seguidores puedes **compartirlas en tu feed,** de esta manera haces que se sientan especiales y deseen seguir participando en tus encuestas. En otras palabras, **logras fidelizarlos.** Claro, este es una labor que lleva algo de tiempo e ingenio.

Crea stories únicas y creativas

Aunque puedes copiar cierto estilo de alguien en Instagram, mi recomendación es que seas creativo e innoves con algo nuevo. Para ello, es necesario que **planifiques tus Stories**; aunque duren solo 24 horas, debes proveer algo que a la gente le guste y no te olvide.

Puedes hacer ediciones en tu contenido. Actualmente, hay una gran cantidad de **editores de fotos para Instagram**; incluso, algunos se pueden usar en línea. En tal sentido, crear stories artísticas dignas de un profesional en fotografía no es difícil.

Por otro lado, tienes a tu disposición muchas herramientas para convertir tus stories en algo entretenido, **aprovecha los emojis, textos,** etc.

Recuerda que entre más destaquen tus stories mayor número de seguidores tendrás y esto se traduce en mayor cantidad de ventas.

Deja que te conozcan

En Instagram stories tienes la **opción de "preguntas"** esto permite que tus seguidores puedan saber más de ti o tu marca. Además, crea un vínculo cercano. Para motivar a tu audiencia hacer preguntas, debes subir el contenido y **añadir el sticker "Preguntas".**

No te preocupes por las preguntas incómodas que pueden hacerte, pues no están públicas, de esa forma puedes decidir no responderlas y nadie lo sabrá. **Elige las preguntas más interesantes y hazlas públicas.**

Como tip para aplicar esto, te recomiendo **crear un storytelling.** En pocos segundos puedes contar algo de ti que llame la atención.

Ten en cuenta el sonido

El sonido es un factor relevante al crear el contenido multimedia. Supervisa que el micrófono esté bien para que tu **audiencia pueda escucharte** sin inconveniente.

Además, elegir un área de tu casa en el que **no se filtren los ruidos externos**, un bebé llorando o un perro ladrando no dará una buena imagen de ti, además distraerá a tu audiencia.

Utiliza Instagram Live

Instagram Live es un excelente complemento de las Stories. De hecho, después de grabarse puede formar parte del mismo. Claro, se requiere preparación, pero es excelente para promocionar productos o servicios con un toque más cercano.

Un aspecto destacado de esta opción es que, aunque estés en vivo tu audiencia también puede participar, por eso, **no olvides leer uno que otro comentario.**

El instagram live puede ser muy útil para permitir que te hagan preguntas, también **puedes hacer entrevistas o promocionar algún evento importante.**

Es importante destacar que esta opción no está disponible para todos, debido a que debes contar con un número de seguidores específicos. Pero una vez que tengas la opción, no la desaproveches.

Stories antes y después

A la gente le gusta ver resultados. Si estás vendiendo productos como el maquillaje o el bricolaje; por mencionar solo algunos, **puedes mostrar los resultados de usarlo.** ¡Un antes y después atrae a cualquiera!

Si haces la historia de forma creativa de seguro venderás más. Recuerda que a los consumidores no les gusta que lo presionen para comprar, ellos prefieren creer que ha sido su decisión. Por eso, presenta los beneficios de tu negocio sin presionar para que compren.

Tendencias de Instagram que no te puedes perder

Instagram cuenta con nuevas opciones que hacen a esta red social más atractiva para el **e-commerce.**

Claro, algunas opciones no están disponibles en todo el mundo, pero es de suma importancia que estés al día con lo que te ofrece esta plataforma, de este modo podrás pensar, desde ya, en cómo sacarle provecho para tu marca.

Instagram Shopping Checkout

Instagram es usado por muchos marketeros, una vez que logran enganchar a los consumidores ocurre algo que puede desanimar a cualquiera, y es que es necesario salir de Instagram para ejecutar el proceso de compra de servicio o producto.

Pues bien, el Shopping de Instagram permite que puedas **gestionar tu propia tienda virtual sin necesidad de salir de la red social.** Instagram Checkout es un complemento de esta nueva función que ya está dando de qué hablar.

Esta nueva función aún no está disponible en todo el mundo, pero créeme que cuando mejoren y afinen los detalles será una herramienta para concretar tus stories.

Fusión de los chats de Facebook Messenger e Instagram

Desde que comenzó el año 2021 se han escuchado muchos rumores relacionados a WhatsApp. Pues bien, después de tanta polémica hay algo que sí es un hecho, **Facebook** e instagram se unen, es decir, sin importar en qué red social te estés, puedes **comunicarte con los usuarios de la otra red mediante chat.**

Esta nueva fusión, que aún está afinándose, permite que mantengas un mejor orden y puedas **atender cualquier consulta de forma inmediata.** ¡Se ha vuelto tendencia en este año!

Instagram Reels

No es un secreto que en el último año se ha acrecentado el uso de distintas redes sociales. Pues bien, TikTok está arrasando, si tienes pereza de iniciar en una nueva red social puedes utilizar Instagram Reels, el cual es una funcionalidad que **pretende competir con TikTok.**

Estos vídeos cortos cuentan con filtros predefinidos, entre ellos realidad aumentada que te permiten crear historias creativas y divertidas. **La duración es de unos 30 segundos.**

Entre sus funcionalidades está **crear remixes** en el que puedes compartir vídeos interactivos con otros usuarios y hacer algo divertido y original.

En definitiva, cuentas con un abanico de opciones para hacer tus stories más entretenidas con estas ideas para Instagram Stories. No te voy a mentir, cada estrategia requiere tiempo y esfuerzo. Sin embargo, si eres diligente podrás ver crecer tu marca o negocio.

Cómo poner un Link en Instagram Stories y Biografía

Instagram es la red ideal para los emprendedores, profesionales y marcas que deseen **ganar más popularidad**. Posee características únicas que ofrecen un potencial infinito en estrategia de marketing, las cuales permiten dar a conocer un producto o marca de manera eficiente.

Una estrategia práctica para **lograr que tus seguidores conozcan más de ti**, de tu marca o de otras marcas profesionales es emplear los links en las Instagram Stories. La mayoría de los usuarios de Instagram tienen dudas sobre el uso de los enlaces en esta red, si eres uno de ellos, aquí te aclaro todas tus dudas.

¿Cómo colocar Links en Instagram Stories?

Si te estás iniciando en el mundo de los blogs y páginas webs o deseas dar a conocer tu negocio online, puedes aprovechar la red social Instagram para **obtener mayor audiencia en tus sitios webs**, esto lo lograrás solamente con colocar Link en Instagram Stories.

Muchos usuarios de Instagram aseguran que no es posible colocar links en las Stories de esta red social, pero la realidad es que si se puede. Se debe tener en cuenta que la única condición que impone esta red para que puedas colocarlos en tus Stories es que **tu cuenta posea más de 10 mil suscriptores**.

Es posible que muchas personas no estén de acuerdo con la condición que ha impuesto la red social para que los usuarios puedan colocar enlaces en sus Stories, pero se debe entender que para la red social Instagram **no es de interés dirigir a los usuarios a otro sitio** fuera de la misma.

Si cumples con las medidas de Instagram para colocar links en las Stories podrás colocar los enlaces de la siguiente manera:

1. Captura una foto o vídeo desde las Stories de Instagram o sube el contenido que desees desde la galería de tu dispositivo.
2. Pulsa en la opción de URL.
3. Toca el icono de enlace que se ubica en la parte superior de tu pantalla.
4. Te aparecerá una nueva ventana, en la cual debes colocar el enlace que te interese.
5. Luego que hayas pegado el enlace en la nueva ventana debes pulsar en la opción "Listo", de esta manera se guardará tu link. Si notas que

el hipervínculo está en color blanco, tu enlace está guardado correctamente.
6. También es importante usar estrategias para llamar la atención de los suscriptores, como colocar un texto atractivo e invitar a los usuarios a deslizar hacia arriba. Otra manera de llamar a la acción es emplear un GIF animado para deslizar hacia arriba.
7. Una vez hayas culminado procede a publicar tu historia y listo.

¿Cómo colocar Links en Bio de Instagram?

Es probable que hayas notado que **no es posible colocar links en tus publicaciones** de Instagram, pues al hacerlo estas no se activan. También es posible que seas nuevo en esta red social y que por eso no tengas la cantidad de suscriptores suficientes para acceder al permiso de colocar links en tus historias. Pero no te preocupes existe una alternativa práctica para emplear enlaces.

La Biografía de Instagram puede ser útil para emplear enlaces. Si te diriges a tu Biografía podrás encontrar una sección llamada website, allí podrás colocar links de cualquier tipo, ya sea de marketing, personales, de YouTube, Facebook, entre otros.

Aunque esta opción para colocar links ha resultado útil para la mayoría de los usuarios de Instagram, tiene la desventaja de que **solo permite colocar un enlace**, entonces ¿qué puedes hacer si tienes diversas páginas webs o redes sociales que deseas dar a conocer? No te preocupes, existe otra alternativa para colocar más enlaces.

4 Apps

Puedes sacar el máximo provecho a tu único enlace de biografía en Instagram empleando las diversas herramientas para crear un enlace que **dirige a tus seguidores hacia un menú repleto de enlaces** de tu interés.

Las herramientas existentes para colocar varios links en tu Biografía de Instagram son las siguientes:

- **Linktr.ee.** Esta es sin duda la herramienta para linkear desde la Biografía de Instagram más famosa de todas. Linktr.ee es útil para realizar un árbol de enlaces muy atractivo e intuitivo. Es fácil de utilizar y tiene una versión gratuita con muchas opciones prácticas.

- **SocialGest.** Con esta herramienta podrás transformar el único enlace de tu Biografía de Instagram, aportando un toque muy profesional. Este enlace permitirá que tu Biografía funcione como un sitio web. También posee características únicas como: Tag mánager y métricas de visitas.
- **Link in Profile.** Con esta segunda opción podrás dirigir a tus usuarios de Instagram a donde desees, desde el link de tu biografía de Instagram. Esta herramienta es una de las más sencillas de usar, también permite crear un árbol de enlaces con los diseños y colores de tu preferencia.
- **IgLink.** Una vez tus suscriptores de Instagram pulsen en el enlace de tu Biografía podrán dirigirse a una amplia galería de publicaciones y enlaces. No solo te permitirá compartir links de marketing y sitios webs, sino también de redes sociales como Facebook, YouTube, entre otros.

Otras opciones

Si deseas explotar todo el potencial de los enlaces en tu red social Instagram debes saber que existen otras alternativas para que los usuarios puedan compartir enlaces.

Una opción práctica para compartir links es **crear contenido en vídeo para el canal IGTV**. Este canal te permite crear contenido multimedia de 15 a 30 minutos de duración, en los cuales puedes hacer una descripción.

Puedes utilizar dicha descripción para colocar links que se activan, de esta manera tus seguidores serán directamente dirigidos hacia el contenido que tú desees que visualicen.

Herramientas como **Link in Profile y SocialGest** también resultan útiles para compartir enlaces desde tu biografía o publicaciones de la feed en Instagram. Si posees un perfil de empresa en Instagram, también tendrás la posibilidad de emplear **Instagram Ads Stories** para usar links al hacer publicidad.

Los 10 mejores editores de fotos para Instagram

¡Lo que no se exhibe no se vende! Con las redes sociales es muy fácil promocionar productos o incluso convertirse en toda una celebridad. Pues bien, para que tengas éxito en tus contenidos necesitas compartir fotos de calidad. En este sentido, los **editores de fotos pueden transformar tus imágenes** de Instagram en verdaderas obras de arte.

No necesitas ser un profesional en fotografías, en realidad existe una gran cantidad de aplicaciones que pueden quitar cualquier objeto indeseable y hasta remarcar todos tus atributos. ¿No lo crees? Prueba estos 10 editores de fotos y destaca en Instagram.

VSCO

Con esta app puedes **tomar mejores fotografías gracias a su cámara propia.** Adicionalmente, puedes mejorar las que hayas tomado. Sus filtros ofrecen un mejor resultado que los predeterminados de Instagram.

VSCO se caracteriza por ser intuitivo y muy simple. ¡Es ideal para hacer retoques en color, temperatura, nitidez, etc. Ofrece un **acabado en filtro de película** muy característico, **estilo retro.** Es compatible con iOS y Android.

Esta aplicación es una red social, por lo que además de editar tus fotos o hacer tus tomas en ellas, puedes compartirlas en la misma plataforma e incluso seguir a otros usuarios. No obstante, si deseas que las mismas tengan reacciones, desde la misma app puedes acceder y publicar las imágenes en Instagram.

Tiene un buen número de filtros totalmente gratis que puedes adecuar según tus preferencias. También dispone de filtros premium para acabados más originales.

Características

- Compatible con iOS y Android
- Es intuitivo
- Tiene filtros gratuitos y premium
- Es una red social
- Ideal para retoques fotográficos.

Slow Shutter Cam

Slow Shutter Cam tiene un gran potencial en diseños originales, **las luces se ven espectaculares**. Simula muy bien el efecto de una cámara DSLR (cámara réflex digital de un solo objetivo).

El efecto en sus fotografías se logra gracias a que el obturador de tu móvil se vuelve más lento. Este software te ofrece **tres tipos de modos: automático, manual y light trail.** Cada modo aporta originalidad al diseño de tus imágenes.

Por ejemplo, en el modo Automático puede presentar el agua como si fuera un manto de humo, es usado como fotos de fantasmas. El modo manual, hace posible que el obturador esté abierto por un tiempo más largo, lo que te permite conseguir mejor luz en las fotos.

Por último, tienes el light trail, el cual presenta las **luces con un destello en movimiento** que resalta en fotos nocturnas y en ciudades, ¡ideal para resaltar luces de tráfico o fuegos artificiales!

Claro, con la finalidad de que las imágenes luzcan espectaculares te aconsejo usar un trípode.

Características

- Es una aplicación para iOS
- Simula el efecto de una DSLR
- Es ideal para proveer diseños originales a las fotos
- Es muy fácil de usar
- Tiene tres modos automático, manual y light trail.

Moldiv

Si te encantan los collages, entonces esta app te interesará. Te ofrece más de **200 collages** en el que puedes combinar las fotos que desees. Además, cuenta con diversos marcos, revistas, etc.

Puedes seleccionar varios filtros de los 190 disponibles que posee la app. De este modo, tus fotografías lucen más originales y atractivas.

Su interfaz es tan intuitiva que tanto profesionales como principiantes pueden sentirse cómodos.

Características

- Es una app especializada en Collages
- Tiene 190 filtros gratuitos
- Dispone de marcos y revistas
- Interfaz intuitiva

Snapseed

Snapseed es idónea para transformar por completo tus fotografías. Puedes **adicionar filtros, borrar objetos, desenfocar**, etc. Claro, dispone de tantas opciones que quizás para los principiantes pueda ser algo compleja, pero sin duda convertirá tus fotos de instagram en la envidia de toda la red social.

Es compatible con Android e iOS y es **gratis.** Uno de los aspectos destacados de este editor es la función de aislar los objetos para editarlos por separado, esto permite que puedas ofrecer un acabado más profesional.

Características

- Disponible en Android e iOS
- Es gratuita
- Puedes aplicar filtros
- Borrar personas u objetos indeseables
- Puedes aíslar objetos para editar por separado y luego unirlos.

Canva

Canva es un **editor de fotos para Instagram en línea muy completo** que le darán a tus fotografías un aspecto bastante atractivo.

Puedes aplicar filtros, incluyendo los clásicos vintage. Al mismo tiempo, puedes **adicionar textos**, pues dispone de varias fuentes de letras. Crear frases inspiradoras e incluso memes con Canva no es nada difícil. Lo mejor de todo es que tienes muchas opciones gratuitas.

Canva te ofrece la posibilidad de **crear logos, posters y tarjetas de visita.** Esta web puede ser usada por profesionales para dar valor a la marca o negocio, pero también por principiantes como modo de pasatiempo.

Características

- Es un editor en línea
- Tiene muchas opciones gratuitas
- Se pueden aplicar filtros
- Puedes crear logos
- Puede ser usado por profesionales o principiantes.

Pixlr Editor

Esta **aplicación en línea** es estupenda. Te ofrece muchas opciones, con ella no solo aplicas filtros que no están en Instagram, también puedes **eliminar el fondo de tus imágenes,** trabajar sobre capas, tiene efecto clonación para eliminar manchas o líneas faciales, etc. ¡Es similar a Photoshop! Pero ¿qué crees? Es gratis.

Además, puedes **crear collages e incluso añadir textos.** Definitivamente es una web en el que puedes perfeccionar por completo tus fotografías. Tanto principiantes como profesionales pueden sentirse cómodos en este web de edición.

Características

- Se pueden aplicar filtros
- Crear collages
- Trabaja sobre capas, efecto clonación
- Dispone de muchas opciones gratuitas.

Facetune

¿Cuál es el objetivo de tus retoques fotográficos? Pues si quieres verte como toda una celebridad, debes cuidar que tu rostro se vea impecable. Pues bien, **Facetune es una app usada especialmente por el público femenino.** En ella puedes maquillarte con mucha precisión.

Puedes **adicionar pestañas que realmente se ven naturales, delinear tus cejas** e incluso engrosarlas como es tendencia actualmente. Así mismo, puedes maquillar tus labios, **afinar tu nariz**, eliminar ojeras, líneas de expresión, granos y más. ¡Es una aplicación que te hará lucir como toda una modelo de revista!

Es intuitiva. Como desventaja puedo destacar que aunque la instalación es gratuita muchas de sus opciones son pagas, aun así, el efecto logrado es profesional.

Características

- Es un editor de mejoramiento facial
- Los filtros y el acabado es muy natural
- Puedes retocar selfies desde iPhone, iPad o Android
- La mayoría de las opciones son pagas.

Foodie

¿Tu negocio online tiene que ver con cocina? Sin importar si te dedicas a presentar deliciosos platillos para vender o simplemente como pasatiempo, te diré que esta app es la mejor para presentar **fotografías de comida.**

Te proporciona una guía para que presentes las fotos de manera más atractiva. Recuerda que un buen plato se vende por su presentación.

Además, cuenta con **filtros muy originales como Yum, Positano, Tropica**, entre otros.

Aunque usualmente es usada para hacer ver los platillos más atractivos, no está limitada a ese uso. De hecho, tiene una separación de categoría entre comida, interior, sefie, etc.

Características

- Disponible para Android e iOS
- Es gratuita
- Cuenta con variedad de filtros
- Ideal para hacer más atractivo los alimentos

PRISMA

Con PRISMA puedes transformar por completo tus fotografías en verdaderas obras de arte, y no estoy exagerando, pues te ofrece un **diseño de dibujo muy artístico**.

Tienes una gran variedad de opciones en filtros, unos 300. **Todos los días presenta un filtro distinto**, de este modo puedes crear fotos verdaderamente originales y únicas.

Aunque puedes editar tus fotos con esta app y compartirlas en instagram, PRISMA es una red social, de tal forma que puedes mirar lo que comparte la comunidad y de este modo conseguir ideas para realizar tus propias ediciones.

Características

- Mantiene la calidad de las fotos
- Tienes gran variedad de filtros automáticos
- Puedes seguir a otros usuarios de prisma
- Los efectos tardan unos segundos en aplicarse.

PicsArt

Esta aplicación es sinónimo de originalidad. Aunque a primera vista pareciera que no hay mucho que hacer la verdad, es que es muy versátil, con ella puedes mejorar tus selfies, a tal grado que hasta **puedes cambiar el color de tu cabello** con un toque muy natural.

Pero, las opciones no se limitan a esto, con PicsArt puedes **crear imágenes totalmente locas, con dibujos, sitkers** y efectos totalmente inusuales. Claro, para lograr verdaderas obras de artes se requiere algo de tiempo para conocer todos los efectos, pero de verdad que es una app que no decepciona.

Aunque PicsArt tiene un botón de compartir en Instagram, ella misma es una red social, por lo que puedes seguir a otros usuarios de la comunidad e inspirarte con sus ideas. **Es gratuita, aunque tiene opciones premium.**

Características

- Disponible en iOS y Android
- Es una aplicación de retoque completa
- Es intuitiva
- Dispone de muchas opciones gratuitas
- Es una red social

¿Por qué hacer buenas fotos en Instagram?

Instagram es la red social más popular para compartir fotos, esto significa que hay mucha competencia y puede ser difícil diferenciarse del resto. Por esa razón es que debes procurar que tu contenido sea atractivo. De este modo, más personas pueden sentirse motivadas a presionar el botón "seguir".

El **feed Instagram debe ser llamativo y contar con sintonía**. Esto significa que no basta con aplicar filtros, hay que saber cuáles son los mejores o cuáles te identifican más. Por ejemplo, hay influencers que han sabido elegir el matiz ideal en sus fotos. Proyectan siempre colores cálidos o fríos en su galería, lo que crea uniformidad.

En tal sentido, **es necesario que cuides tus propias ediciones** para que no desentones con tu marca personal.

Por otro lado, recuerda que puedes sacar tantas fotografías como quiera. Aplica distintos efectos a una foto y luego decide con cuál te quedas, eso te ayudará a fijar tu propio sello.

En conclusión, Instagram es una red social que se "vende con los ojos" por eso explora en el mar de aplicaciones de edición para transformar tu contenido y hacerlo único.

¿Qué es ShadowBan y cómo evitarlo?

Desde hace un tiempo algunos **influencers** han estado mencionando el Shadow Ban. Sin embargo, **algunos usuarios dudan de la existencia de esta penalización,** ¿por qué? Porque Instagram no la menciona; al menos no oficialmente.

Pues bien, **las redes sociales** se han convertido en una excelente herramienta de marketing. ¿Te imaginas trabajar una buena campaña y notar que no está logrando ningún tipo de reacción? Si notas que no estás obteniendo la misma interacción de antes, puedes estar sufriendo una penalización de Instagram.

En este artículo, hablaré de **qué es Shadow Ban o Baneo en la sombra** y por supuesto cómo puedes evitarlo. Además, te daré algunas soluciones para que puedas salir de ese estado. ¡Empecemos!

¿Qué es el Shadowban o Baneo en la sombra de Instagram?

El shadow banning o ghost banning; como también se le conoce, es una **penalización** que instaura Instagram en una cuenta en el que "al parecer se ha violado algún tipo de uso y condición".

Aunque en ocasiones se te puede advertir respecto al peligro de una censura de tus publicaciones, en el ghost banning **el propietario no sabe que su cuenta ha sido limitada.**

Los hashtags permiten que puedas contar con visibilidad, es decir, que quienes aún no son tus seguidores te puedan encontrar. Sin embargo, cuando tienes un Shadowban, las interacciones son mínimas. Es decir, puedes visualizar tus contenidos con normalidad, no obstante, no tendrán ningún alcance.

¿Cómo afecta el Shadowban en tu campaña de marketing?

El **Shadowban te hace invisible**, por lo tanto, no es posible que nuevos usuarios puedan seguirte. Entonces, si has estado en un asenso moderado en tu cuenta y de pronto notas un estancamiento extraño, es muy posible que estés sufriendo esta penalización.

Este tipo de penalización puede agravarse a tal grado que, el contenido de tu cuenta se bloquee y **ni siquiera aparezca a tus seguidores**. ¡Eso sería un total desastre! Afectaría tu negocio o marca. Todo aquello que hayas publicado ha quedado en el aire.

En el mundo virtual en el que se vive hoy, existe toda una carrera por contar con la mayor cantidad de seguidores, de tal manera que no puedes darte el lujo de arriesgarte a contar con un "baneo" tan agresivo, y mucho menos sin estar al tanto de ello.

Este tipo de penalización tiene el objetivo de crear un espacio virtual en el que se sigan las normas. En tal sentido, **no es correcto hacer trampas para llevar el tráfico a tu cuenta empresarial.** Por eso, es de suma importancia entender los términos y condiciones de uso de esta y cualquier red social.

¿Cómo evitar el ShadowBan?

El shadow banning es una realidad, aunque Instagram no las haya comunicado de forma franca. Sin embargo, de acuerdo a las estadísticas y análisis de las cuentas que han sufrido esta penalización, debes evitar caer en las siguientes prácticas.

No uses software que viole los términos y condiciones

Debes usar **herramientas autorizadas por esta red social.** Adicionalmente, debes evitar aquellos bots que automatizan tu cuenta. Aunque suele ser muy atractivo, la verdad es que puede llevarte a esta condición de censura.

Ten **especial cuidado con la forma en cómo usas las IPs** (dirección de IP). Por ejemplo, si tu dirección IP es de España, no tiene sentido que la cambies por otra. Si Instagram detecta frecuentes cambios de dirección, puede ponerte una lupa, es decir, investigar tu cuenta y detectar fallas que te lleven a un "ban".

Evita denuncias

Las redes sociales se convirtieron en un medio para cometer **abusos en anónimo**. A pesar de ello, se trabaja incansablemente para lograr establecer normas y para ello se ha colocado la acción de "denunciar publicaciones".

Así que, debes tener especial cuidado con lo que publicas, si tu contenido hiere la sensibilidad de otras personas, o estás haciendo spam en comentarios, etc., pueden denunciarte. Si cuentas con **muchas denuncias puedes salir baneado**.

No uses hashtags bloqueados

Algunos **hashtags populares son bloqueados** por esta red social, esto se debe a que los mismos se han enlazado con contenido inapropiado. En tal sentido, es necesario que estés al día con los hashtags que puedes utilizar. De lo contrario, podrás publicar algo que no será visto.

Si repites constantemente esta acción, tanto el contenido que tenga los hashtags bloqueados como los que no, serán invisibles por el ShadowBan.

Como recomendación, te sugiero **consultar previamente la pestaña de hashtags en Instagram**. Cuando una etiqueta no puede ser usada, generalmente aparecerá un mensaje que dice: "Se ocultaron las publicaciones recientes de #invierno2020..."

No excedas el uso diario

Sabemos que en esta red social es necesario seguir a otros usuarios para que ellos te sigan a ti. No obstante, **calma ese desespero por lograr crecer tu marca de forma abrupta.**

Las acciones de: seguir, dejar de seguir, dar me gusta e incluso comentar o publicar contenido tienen un límite, si lo rebasas te arriesgas a obtener un ghost banning.

En ocasiones, algunos **usuarios han seguido a más de 80 personas en menos de una hora,** e incluso han dado comentarios al azar en varias cuentas. Esto no está bien visto por Instagram.

Toma un descanso

La red social quiere garantizar que el uso que se le da a la misma es natural, por eso, espera que una cuenta tenga cierto margen de descanso. Trabaja duro y sin trampa en tus campañas, pero **deja en reposo la cuenta al menos unas 24 horas.**

El algoritmo de las redes sociales cuenta con puntos débiles; es cierto, pero ten cuidado porque generalmente los cabos sueltos tienden arreglarse progresivamente.

Te aconsejo que implementes una **estrategia de Instagram que sea sostenible y transparente**, ¡No creas que eres listo! En cualquier momento te atraparán y lo peor es que quizás no te des cuenta, sino mucho tiempo después.

¿Es posible revertir los efectos del shadowban?

El Shadowban es una penalización discreta, en el que a menos que tengas pleno control de tus estadísticas e interacción, no te darías cuenta de la censura. Por eso, si ya has comprobado que efectivamente tu cuenta está invisible, es momento de hacer cambios.

Te daré algunas recomendaciones para salir de ese estado

- **Elimina los hashtags.** Si sospechas que el baneo se debe al uso de hashtags prohibidos, entonces no pierdas tiempo, elimínalos.
- **Suspende el uso de herramientas de terceros.** Si estás utilizando métodos poco éticos para conseguir seguidores, debes dejar de hacerlo de inmediato.

- **Cambia tu cuenta.** Algunos usuarios han dicho que al cambiar una cuenta de Instagram personal en empresarial y luego volver hacer el cambio, el baneo se ha eliminado. Puedes intentar ese método.
- **Comunícate con el personal de Instagram.** Este paso debe ser el último, es decir, debes asegurarte de que la cuenta este limpia, libre de cosas ilícitas. Recuerda que el personal hará una revisión para verificar que todo esté en orden.

No cabe duda que contar con presencia en las redes sociales puede contribuir hacer crecer tu marca. No pongas en riesgo tu negocio y realiza campañas de marketing transparentes.

En conclusión, los medios virtuales son herramientas de trabajo, y en todo trabajo hay que **imprimir esfuerzo y dedicación**, ¡no busques atajos! De esta forma podrás hacer crecer tu empresa de forma sostenida. Verás que con verdadero esfuerzo y dentro de las normas establecidas podrás alcanzar la cima.

¿Es rentable comprar seguidores Instagram?

Las redes sociales se han convertido en todo una referencia para comprar productos o servicios. Basta con visitar la cuenta Instagram de un restaurante nuevo en la ciudad para determinar si lo visitarás o no. Y es que, nos importa saber la opinión de los demás para asegurarnos pasar "buen rato".

Pues bien, las empresas saben que un buen número de seguidores o interacciones puede dar una buena impresión, así que **se ha vuelto común comprar seguidores en Instagram**. No es lo mismo promocionar un negocio de comida con cien seguidores que con mil o incluso diez mil, ¿verdad?

Ahora bien, **¿vale la pena invertir en seguidores inactivos o falsos en Instagram?** En esta oportunidad hablaremos de cuán rentable es esta práctica.

¿Por qué es necesario tener seguidores en Instagram?

Las principales marcas se fijan en el número de seguidores o incluso en las interacciones a fin de contratar los servicios de un influencer.

Dependiendo de la popularidad, estas **empresas de patrocinio pueden hacer pagos que te permiten vivir cómodamente**, incluso en países latinos.

En este contexto es que muchas personas deciden comprar seguidores baratos. Esto ofrece ventajas de crecimiento en poco tiempo. Tener seguidores en Instagram te abre las puertas a nuevas formas de ingreso.

Ser influencer se ha convertido en una forma de ganar mucho dinero. Algunas personas cuentan con una chispa e ingenio prometedor, sin embargo, alcanzar popularidad no es fácil. Hay mucha competencia.

Desde luego, ganar seguidores de forma orgánica o natural es la mejor opción, pero puede ser la más lenta.

Ahora bien, la principal desventaja de comprar seguidores es que tienes que desembolsar dinero. Según el número de seguidores o incluso likes que desees, el precio puede ser bastante alto. Claro, puedes conseguir una plataforma para comprar seguidores que te ofrezca precios promocionales.

Con todo esto presente, es natural preguntarse si de verdad vale la pena comprar followers en Instagram.

¿Es comprar seguidores en Instagram?

Tratemos de analizar la rentabilidad de este asunto de forma objetiva. En adelante, mencionaremos algunos beneficios de comprar seguidores. Luego, mencionaremos algunas desventajas. De esta forma, podrás analizar si la compra de seguidores en Instagram o cualquier red social es rentable o no para ti.

Mayor atracción

La sociedad actual no tiene un concepto definido de lo que realmente es bonito o feo, más bien se guían por la **popularidad.** Así pues, alguien puede ser feo, pero si todos dicen que es atractivo, entonces todos quedan rendidos a sus pies. Bueno, así es la sociedad actual.

En este sentido, **la gente suele verse atraída por una red social numerosa.** Asume que si tiene miles de seguidores es porque el contenido es bueno.

Un negocio que empieza desde cero puede aprovechar esta "pequeña realidad social" y comprar seguidores, de este modo, la cuenta de Instagram puede aumentar más rápido el número de seguidores activos, acelerando el crecimiento del negocio o la popularidad del "influencer".

Recuerda que la sociedad actual es muy "unida", hace o sigue lo que hace la mayoría.

Mayor visibilidad

Hay plataformas que no solo ofrecen seguidores, sino también interacciones o likes. Si adquieres este tipo de plan, podrás ver que **la misma red social te ofrece mayor visibilidad,** esto se traduce en nuevos potenciales seguidores.

Esta ventaja es muy beneficiosa para los negocios que ofrecen productos, como por ejemplo tiendas Online y restaurantes.

Inversión mínima

Crecer de forma orgánica es siempre la mejor opción, sin embargo, si estás urgido la compra de seguidores acelera tu crecimiento.

La ventaja de esta opción es que **hay diferentes promociones**, lo que te permite ganar popularidad con una inversión mínima. De hecho, puedes empezar con un paquete sencillo y luego, al analizar los resultados volver a contratar los servicios de tu proveedor.

Riesgos al comprar seguidores de Instagram

Aunque ganar followers mediante la compra de los mismos es una práctica muy extendida en las diferentes redes sociales, y de hecho, te ofrece importantes beneficios, también hay ciertos peligros o desventajas.

A continuación, mencionaremos algunas **desventajas de comprar followers en Instagram**:

Penalizaciones de Instagram

Esta red social cuenta con un poderoso sistema de seguridad en el que puede determinar ciertos ataques de spam. Pues bien, un crecimiento desproporcionado puede ponerte en el ojo del huracán, de modo que **pueden limitar tu cuenta.**

Claro, este problema se puede solucionar si utilizas la compra de seguidores de forma inteligente. En vez de que te sigan mil seguidores diarios, se puede dividir la cantidad en 100 o 200. De este modo, no es tan sospechoso y se ve más natural. A su vez, debes comprar interacciones para que la cuenta tenga un aspecto más orgánico.

No harás Engagement

Hay que recordar que estos nuevos seguidores son falsos. Por lo tanto, no generas ningún "clic o conexión con ellos". Así pues, **el objetivo de obtenerlos es atraer a los verdaderos.** Si no haces contenido de valor y de forma regular, no llamarás la atención aunque dispongas de millones de followers.

No olvides que el objetivo es hacer crecer tu negocio o marca personal. El número de seguidores solo es un complemento para llegar a tu verdadero objetivo: popularidad real en las redes sociales.

Credibilidad de la marca

Hay que cuidar cada paso de acción para aumentar tu popularidad. **Si abusas de este recurso puedes labrarte una mala reputación.**

Los usuarios o seguidores activos pueden cuestionarte o incluso **hacer comentarios despectivos de tu negocio**, lo que puede espantar a potenciales clientes. En este sentido, tu negocio puede caer por completo y llevarte a la quiebra. Lo mejor es utilizar esta herramienta de forma "natural".

La clave para que no se cuestione tu credibilidad es asegurarte de distinguirte, de ofrecer algo original. Con los seguidores comprados logras llamar la atención, pero si no ofreces algo útil, perderás la atención de los verdaderos seguidores y cuestionarán tu popularidad.

¿Comprar seguidores sí o no?

En conclusión, comprar seguidores es una práctica común actualmente. Puede ayudarte a aumentar la visibilidad e incluso a captar a potenciales clientes. Claro, no es legal, así que puede acarrear consecuencias, como por ejemplo el cierre de tu cuenta en Instagram, limitaciones, o incluso una mala reputación.

Ahora ya tienes los pros y contras de esta opción de "crecimiento y popularidad", ¿es rentable para ti comprar seguidores en las redes sociales?

www.ingramcontent.com/pod-product-compliance
Lightning Source LLC
Chambersburg PA
CBHW052348220526
45465CB00003BA/1009